고려대학교 한국어문화교육센터 지음

교보문고

Workbook

Written by Korean Language & Culture Center,
　　　　　　Institute of Foreign Language Studies, Korea University
Published by KYOBO Book Centre
Designed by Gabwoo
Illustrated by Soh, Yong Hoon

Text copyright© Korean Language & Culture Center,
　　　　　　Institute of Foreign Language Studies, Korea University
All rights reserved: no part of this publication may be reproduced, stored in
a retrieval system, or transmitted in any form or by any means, electronic,
mechanical, photocopying, recording or otherwise, without the prior
written permission of the publisher.

KYOBO Book Centre CO., Ltd
501-1 Munbal-ri Gyoha-eup
Paju-si, Gyeonggi-do, 413-756 Korea
Tel: 82-2-3156-3681
Fax: 82-502-987-5725
Http://www.kyobobook.co.kr

재미있는 한국어 3 Workbook

Fun! Fun! Korean

머리말

한국어는 사용 인구면에서 세계 10대 언어에 속하는 주요 언어로, 지금도 많은 사람들이 세계 곳곳에서 한국어를 배우고 있습니다. 이러한 한국어 학습 열기는 국제 사회에서 한국의 위상이 높아짐에 따라 앞으로 더욱 뜨거워질 것으로 전망합니다.

고려대학교 한국어문화교육센터는 설립 이래 25년간 다양한 학습자를 대상으로 한국어와 한국 문화를 교육해 왔으며, 체계적이고 효율적인 교수 방법으로 세계적으로 정평이 나 있습니다. 그리고 그동안 학습자에 따른 맞춤형 교육을 실시해 오면서 다양한 한국어 교재를 개발해 왔습니다.

이 교재는 한국어문화교육센터가 그동안 쌓아 온 연구와 교육의 성과를 바탕으로 개발한 것입니다. 이 교재의 가장 큰 특징은 한국어 구조에 대한 이해와 다양한 말하기 연습을 바탕으로 학습자 스스로 의사소통 활동을 할 수 있도록 구성했다는 점입니다. 이 교재를 통해 학습자는 다양한 의사소통 상황에서 성공적인 한국어 의사소통을 할 수 있는 능력을 기르게 될 것입니다.

이 교재가 나오기까지 참으로 많은 분들의 정성과 노력이 있었습니다. 무엇보다도 밤낮으로 고민하고 연구하면서 최고의 교재를 개발하느라 고생하신 저자들께 감사를 드립니다. 또한 고려대학교의 모든 한국어 선생님들께도 깊은 감사를 드립니다. 이분들의 교육과 연구에 대한 열정과 헌신적인 노력이 없었다면 이 교재의 개발은 불가능했을 것입니다. 이 선생님들의 교육 방법론과 강의안 하나하나가 이 교재를 개발하는 데 훌륭한 기초 자료가 되었습니다. 이 외에도 이 책이 보다 좋은 모습을 갖출 수 있도록 도와주신 번역자를 비롯해 편집자, 삽화가들께 감사를 드립니다. 또한 한국어 교육에 관심과 애정을 가지고 이렇듯 훌륭한 교재를 출간해 주신 교보문고에도 큰 감사를 드립니다.

부디 이 책이 여러분의 한국어 학습에 큰 도움이 되기를 바라며, 한국어 교육의 발전에 새로운 이정표가 될 수 있기를 바랍니다.

2010년 3월
국제어학원장 **조규형**

Introductory Remarks 일러두기

Overview
『Fun! Fun! Korean Workbook 3』is a practice workbook that allows intermediate learners with a completion of 400 hours of introductory level to easily familiarize themselves with vocabulary and expression, and grammar. By focusing on themes and skills used in real life situations that the learners encounter, the workbook is composed of a variety of practice and reviews that allow the learners to improve their Korean language skills, especially when used in coordination with the textbook 『Fun! Fun! Korean 3』which focuses on effective communication in daily and social activities. Additionally, the workbook is organized in a manner that the learners may naturally expand their Korean language skills by helping the learners to achieve accuracy in grammar forms and further to learn correct usages in context. Upon completion of these exercises for vocabulary, expressions, and grammar, a variety of speaking, reading, and writing exercises are given in various contexts to help the learners to internalize their communicative competence and achieve effective communication.

Goals
- Familiarize the learners with vocabulary, expressions, and accuracy in grammar forms.
- Familiarize the learners with precise and proper grammar usage by focusing on various situations that the learners may approach in real life.
- Internalize real life communicative competence through speaking, reading, and writing practice in various situations with themes and skills delineated in 『Fun! Fun! Korean 3』.

Unit Structure
『Fun! Fun! Korean Workbook 3』is composed of 15 units. Centered around the fundamental themes and skills of 『Fun! Fun! Korean 3』, most of the 15 units are comprised of two sections; the first one is about practices for the vocabulary, expressions, and grammar exercises and the second one carries the learners to put their speaking, reading, and writing into practices to allow the learners to build effective communication. Moreover, the workbook is designed with an integration exercise for every five lessons, which leads the learners to review the content and reinforce their skills in the five lessons that they complete. Each unit is composed as follows:

Goal
Through a detailed account of the unit's lesson goals and contents, the learners can get acquainted with lesson goals and contents prior to the lesson.

Vocabulary and Expression Exercise

This section is designed to get learners acquainted with the meaning and structure of the vocabulary and the expressions that were already covered in the main textbook through various practices and reviews. Vocabulary and expression is presented together according to the categories of their meaning, which directs the learners to familiarize the vocabulary and expression by connecting the meaning together.

Grammar Exercise

This section is divided into two parts with a focus on accurate grammar configuration that has been covered in the main textbook, as well as a concentration on the concrete usage of logical connection. While the situation outlined in the exercise is derived from the basic themes and skills in the main textbook, the workbook also includes exercises and practices outside of the particular theme and scenario just in case the familiarization of the applicable grammar is necessary. Through these exercises, the learners are able to use the correct and proper grammar.

Speaking Practice

This section allows the students to individually practice and build their language abilities by independently forming dialogue from the themes and skills they have covered in the main textbook. By practicing creating a discourse in the context based on key vocabulary and grammar structure dealt with in the chapter, the learners are able to improve their conversation skills.

Reading Practice

This section allows the learners to develop reading comprehension abilities by reading contents related to topics of the main textbook and further to confirm the real usages of vocabulary, expressions, and grammar in contexts. This section is supplementary to the reading tasks of the main textbook which covers reading strategies by focusing on the actual reading task, and will contribute to enhancing the learners' reading skills.

Writing Practice

This section allows the learners to individually form and create their own paragraph from the themes and skills that they have covered in the main textbook. By guided writing practice on daily activities related to the theme of the chapter, the learners are able to practice practical vocabulary, grammar structure and paragraph formation of the chapter.

차례

- 머리말　　5
- 일러두기　　6
- 교재 구성　　10

- 제1과 새로운 생활　　14
- 제2과 요리　　26
- 제3과 소식·소문　　38
- 제4과 성격　　50
- 제5과 생활 예절　　62
- 종합 연습 I　　74

- 제6과 미용실　　　　　　　　　82
- 제7과 한국 생활　　　　　　　94
- 제8과 분실물　　　　　　　　108
- 제9과 연애 · 결혼　　　　　　120
- 제10과 선물　　　　　　　　　132
- 종합 연습 II　　　　　　　　　142

- 제11과 사건 · 사고　　　　　　150
- 제12과 실수 · 후회　　　　　　160
- 제13과 직장　　　　　　　　　172
- 제14과 여행 계획　　　　　　184
- 제15과 명절　　　　　　　　　196
- 종합 연습 III　　　　　　　　　208

- 정답　　　　　　　　　　　　216

교재 구성

단원	주제	기능	어휘
1 새로운 생활	계획과 희망	• 새로운 생활에 대해 이야기하기	• 계획 • 노력
2 요리	요리	• 재료 설명하기 • 조리법 설명하기	• 조리법
3 소식·소문	소식과 소문	• 들은 이야기 전달하기 • 소문에 대해 이야기하기 • 소식 전하기	• 신상 변화
4 성격	성격	• 성격 설명하기 • 성격의 장·단점 이야기하기	• 성격
5 생활 예절	생활 예절	• 공공장소에서의 생활 예절 이야기하기 • 규칙에 대해 묻고 답하기	• 공공 규칙 • 예의 없는 행동 • 예의·질서

종합 연습 I

단원	주제	기능	어휘
6 미용실	미용실	• 머리 모양 설명하기 • 어울리는 머리 모양 권유하기	• 머리 모양 • 머리 손질법
7 한국 생활	한국 생활	• 한국 생활의 느낌 말하기 • 이유 설명하기 • 경험 말하기	• 외국 생활 • 한국인의 특징
8 분실물	분실과 습득	• 유실물센터에서 분실물 찾기 • 분실한 물건에 대해 설명하기	• 분실·습득 • 분실 경위 • 가방 종류·무늬 • 부속물·재질

문법	연습
• -에 대해서 • -기 위해서, -을/를 위해서 • -아/어/여도 • -기	• 말하기 : 새로운 결심에 대해서 묻고 답하기 • 읽기 : 대학원 진학을 위한 자기 소개서 읽기 • 쓰기 : 새 학기 계획에 대한 글 쓰기
• -(으)로 • -다가 • -아/어/여 놓다/두다	• 말하기 : 음식의 조리법에 대해서 묻고 답하기 • 읽기 : 살찌지 않는 요리법에 대한 글 읽기 • 쓰기 : 음식의 조리법을 설명하는 글 쓰기
• 간접화법 (-다고 하다, -냐고 하다, -자고 하다, -(으)라고 하다)	• 말하기 : 소식과 소문에 대해서 묻고 답하기 • 읽기 : 소문에 대한 이메일을 읽고 내용 파악하기 • 쓰기 : 들은 이야기와 달랐던 여러 가지 일들에 대해 쓰기
• -잖아요 • -지 못하다 • 아무 -(이)나 • -(으)ㄹ 정도	• 말하기 : 성격에 대해 묻고 답하기, 성격과 생활에 대해 말하기 • 읽기 : 성격을 바꾸는 방법에 대한 글 읽기 • 쓰기 : 가족의 성격을 소개하는 글 쓰기
• -게 하다 • - 줄 알다/모르다 • -다면서요 • -(으)ㄹ 텐데요	• 말하기 : 익숙하지 않은 공공 예절에 대해 묻고 답하기 • 읽기 : 윗사람에 대한 한국 사회의 예절에 관한 글 읽기 • 쓰기 : 영화관에서 경험한 다른 사람의 예의 없는 행동에 대해 쓰기
• -게 • -아/어/여 보이다 • -던데요 • ㅎ 불규칙	• 말하기 : 머리 모양과 머리 손질에 대해 묻고 답하기 • 읽기 : 모발 관리법에 대한 글 읽기 • 쓰기 : 친구에게 어울리는 머리 모양을 추천하는 글 쓰기
• -아/어/여서 그런지 • -나 보다, -(으)ㄴ가 보다 • -거든요 • -(으)ㄹ 겸	• 말하기 : 한국 생활의 다양한 경험에 대해 묻고 답하기 • 읽기 : 한국 생활에 성공적으로 적응한 외국 학생에 대한 글 읽기 • 쓰기 : 한국 생활에 어떻게 적응했는지를 설명하는 글 쓰기
• -만 하다 • -자마자 • -(이)라도	• 말하기 : 분실한 물건에 대해 묻고 답하기 • 읽기 : 버스에서 분실한 휴대 전화를 신고하는 글 읽기 • 쓰기 : 비행기에 두고 내린 배낭을 설명하는 글 쓰기

단원	주제	기능	어휘
9 연애·결혼	연애와 결혼	• 연애와 결혼의 조건 이야기하기 • 연애 경험에 대해 이야기하기	• 연애 • 결혼
10 선물	선물	• 선물 문화 설명하기 • 선물 문화 비교하기	• 특별한 날

종합 연습 II

단원	주제	기능	어휘
11 사건·사고	사건과 사고	• 사건이나 사고가 일어난 원인 설명하기 • 사고의 결과 설명하기	• 사고 • 인명 피해 • 재산 피해
12 실수·후회	실수와 후회	• 실수 이야기하기 • 후회 이야기하기	• 주의·부주의
13 직장	직장	• 직장 선택의 기준 설명하기 • 직장 선택에 대해 충고하기	• 직장 선택의 조건 • 근무 조건
14 여행 계획	여행 계획	• 여행 계획 세우기 • 여행 장소 추천하기	• 여행 상품의 특징
15 명절	명절	• 명절 인사하기 • 명절 풍습 설명하기	• 명절 • 풍습

종합 연습 III

문법	연습
• 만에 • -(으)ㄹ수록 • -던	• 말하기 : 연애와 결혼에 대해 묻고 답하기 • 읽기　 : 사랑의 감정에 대한 글 읽기 • 쓰기　 : 어울리는 사람을 소개하는 편지 쓰기
• -(으)려다가 • -지 알다/모르다 • -도록 하다	• 말하기 : 특별한 날의 선물과 그 의미에 대해 말하기 • 읽기　 : 선물에 대한 글을 읽고 내용 파악하기 • 쓰기　 : 선물 받은 경험에 대한 글 쓰기
• -는 바람에 • -(으)로 인해서 • 피동 표현	• 말하기 : 사건과 사고의 원인과 결과를 묻고 답하기 • 읽기　 : 사건과 사고에 대한 신문기사 읽기 • 쓰기　 : 사건과 사고의 개요를 보고 설명하는 글 쓰기
• -느라고 • -(으)ㄹ 뻔하다 • -(으)ㄴ 채 • -(으)ㄹ걸 그랬다	• 말하기 : 실수와 후회에 대해 묻고 답하기 • 읽기　 : 실수를 한 사람들에게 충고해 주는 글 읽기 • 쓰기　 : 후회하는 일에 대한 글 쓰기
• -다면 • -다 보니 • -지	• 말하기 : 직장 선택의 기준에 대해 묻고 답하기 • 읽기　 : 직장 만족도에 대한 신문기사 읽기 • 쓰기　 : 직장 선택의 이유를 설명하는 글 쓰기
• -(으)ㄹ 만하다 • -대요, -냬요, -재요, -(으)래요 • -는 대로	• 말하기 : 여행 계획에 대해 묻고 답하기 • 읽기　 : 다녀온 여행지를 추천하는 글 읽기 • 쓰기　 : 여행 중에 쓴 메모를 보고 여행지를 추천하는 글 쓰기
• -더라 • -까지 • -는/(으)ㄴ데도 • -(이)나	• 말하기 : 명절과 한 일에 대해 묻고 답하기, 명절 풍습에 대해 이야기하기 • 읽기　 : 정월대보름에 대한 글 읽기 • 쓰기　 : 동지에 대해 설명하는 글 쓰기

제1과 새로운 생활

학습 목표
새 학기와 새해의 계획과 희망에 대해 이야기할 수 있다.

주제	계획과 희망
기능	새로운 생활에 대해 이야기하기
연습	말하기 : 새로운 결심에 대해서 묻고 답하기
	읽기 : 대학원 진학을 위한 자기 소개서 읽기
	쓰기 : 새 학기 계획에 대한 글 쓰기
어휘	계획, 노력
문법	-에 대해서, -기 위해서, -을/를 위해서,
	-아/어/여도, -기

제1과 새로운 생활

어휘와 표현

1 빈칸에 알맞은 말을 고르세요.

1) 나는 이번 학기에 계획한 일을 _____ 위해 열심히 노력할 것이다.
   ① 이루기   ② 세우기   ③ 만들기   ④ 배우기

2) 나는 단어를 많이 외우고 말하기 연습을 열심히 해서 한국어 실력을 _____ 계획이다.
   ① 끊을   ② 늘릴   ③ 줄일   ④ 합격할

3) 저는 의과 대학에 _____ 위해서 생물학과 화학을 열심히 공부합니다.
   ① 배우기   ② 일하기   ③ 진학하기   ④ 준비하기

4) 가 : 방학 동안 특별한 계획이 있어요?
   나 : 이번 방학에는 운전면허를 _____ 해요.
   ① 따려고   ② 벌려고   ③ 합격하려고   ④ 기다리려고

5) 가 : 새해 계획은 세우셨어요?
   나 : 올해는 무슨 일이든 중간에 _____ 않고 끝까지 최선을 다할 거예요.
   ① 성공하지   ② 실패하지   ③ 포기하지   ④ 노력하지

6) 가 : 건강해지기 위해 어떤 일을 하실 계획이에요?
   나 : 저는 술도 줄이고 담배도 _____ 계획이에요.
   ① 살   ② 벌   ③ 받을   ④ 끊을

16

문법

–에 대해서

1 그림을 보고 〈보기〉와 같이 이야기한 후에 쓰세요.

보기
가: 한국어 공부를 하게 된 이유가 있습니까?
나: 네. **한국에 대해서** 좀 더 알고 싶어서 한국어를 공부하게 되었습니다.

① 가: 친구들과 같이 _____ 이야기해 보세요.
나: 알겠습니다, 선생님.

② 가: 샘 씨는 _____ 모르는 것이 없어요.
나: 아니에요. 그냥 좋아하는 것뿐이에요.

③ 가: 그 책은 무슨 내용이에요?
나: 이 책은 _____ 자세하게 설명한 책이에요.

④ 가: 오늘 아침 신문에 _____ 기사가 나온 걸 봤어.
나: 그래? 무슨 내용이었어?

-기 위해서, -을/를 위해서

1 〈보기〉와 같이 이야기한 후에 쓰세요.

> 보기
> 가: 한국어를 공부하는 특별한 이유가 있습니까?
> 나: 저는 대학에 <u>가기 위해서</u> 한국어를 공부합니다.

❶ 가: 왜 그렇게 열심히 돈을 모아요?
   나: 저는 내년에 결혼을 _____ 돈을 모으고 있어요.

❷ 가: 의학 공부가 힘들지 않아요?
   나: 조금 힘들지만 저는 훌륭한 의사가 _____ 열심히 공부하고 있어요.

❸ 가: 살이 많이 빠진 것 같아요. 다이어트를 했어요?
   나: 아니요. _____ 특별히 노력한 건 없는데 요즘 좀 바빠서 그런 것 같아요.

❹ 가: 왜 그렇게 사탕을 많이 먹어요?
   나: 담배를 피우지 _____ 사탕을 먹는 거예요.

❺ 가: 상을 받은 기분이 어떻습니까?
   나: _____ 공부한 건 아니지만 정말 기분이 좋네요.

❻ 가: 오늘 이 극장에 사람이 왜 이렇게 많아요?
   나: 영화배우를 _____ 이렇게 많은 사람들이 온 거예요.

–아/어/여도

1 〈보기〉와 같이 이야기한 후에 쓰세요.

> **보기**
> 무슨 일이 있다 / 꼭 타다
> 가: 이번 학기에 장학금을 탈 수 있을 것 같아요?
> 나: 글쎄요. 하지만 열심히 노력해서 <u>무슨 일이 있어도 꼭 탈 거예요</u>.

① 바쁘다 / 운전면허를 따다

　가: 아직도 운전면허가 없어요?

　나: 네. 올해는 아무리 _____

② 부모님이 반대하다 / 꼭 여행을 가다

　가: 혼자 여행을 가는데 부모님이 반대하지 않으세요?

　나: 글쎄요. 하지만 _____

③ 많이 먹다 / 살이 찌지 않다

　가: 준석 씨는 정말 많이 먹는 편인데 살은 안 찌는 것 같아요.

　나: 네, 저는 _____

④ 삼십 분이 지나다 / 안 오다

　가: 미영 씨, 왜 이렇게 늦었어요?

　나: 미안해요. 일찍 나왔는데 버스가 _____

–기

1 그림을 보고 〈보기〉와 같이 이야기한 후에 쓰세요.

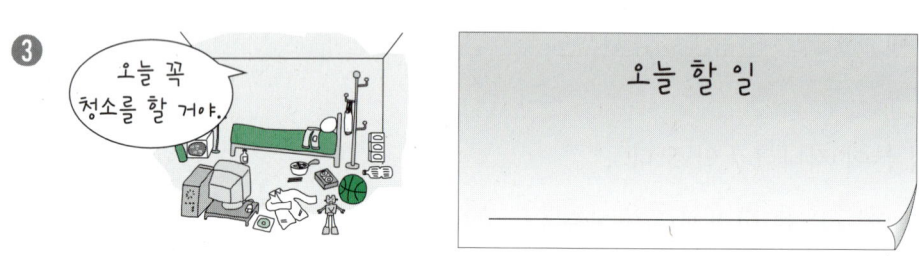

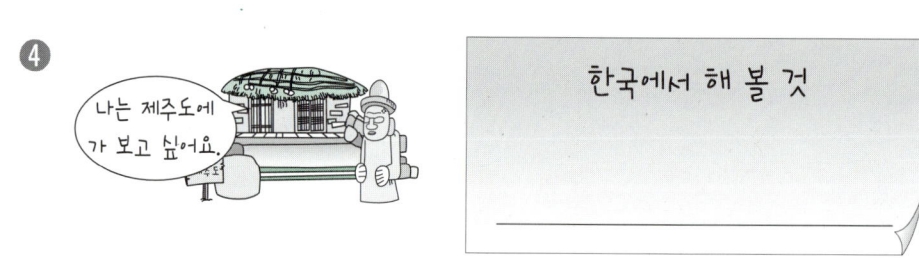

말하기 연습

1 그림을 보고 이야기한 후에 쓰세요.

1) 가: 곧 졸업인데 무슨 계획이 있어요?

   나: 회사에 취직을 하려고 해요.

   가: 제 생각엔 에리 씨는 한국말도 잘하고 성적도 좋으니까 어렵지 않을 것 같아요.

   나: 한국 회사에 _____ 준비를 하고 있는데 혼자서 잘할 수 있을지 모르겠어요.

   가: 그래요? 그럼 이 책을 한번 보세요. _____ 아주 자세하게 설명하고 있어요.

2) 가: 이번 방학에 뭐 할 거야?

   나: 나는 이번 방학에 _____

   가: 어떤 봉사 활동인데?

   나: 몸이 불편한 사람들이 있는 곳에 가서 같이 놀기도 하고 중국어도 가르쳐 주는 일이야.

   가: 와, 정말 좋은 계획이다. 어떻게 그런 좋은 생각을 하게 됐어?

   나: 사실은 지난 방학에 한번 해 봤는데, 정말 좋았어. 아무리 몸이 _____ 열심히 사는 사람들을 보면서 많이 배웠어.

3) 가: 이게 올해 세운 저의 계획이에요.

나: 와, 정말 좋은 계획들이 많네요.
그런데 _____?

가: 아니요, 몇 개는 잘 지키고 있지만 몇 개는 아직 시작도 못했어요.

나: '아침에 일찍 일어나기', 이 계획은 잘 지키고 있어요?

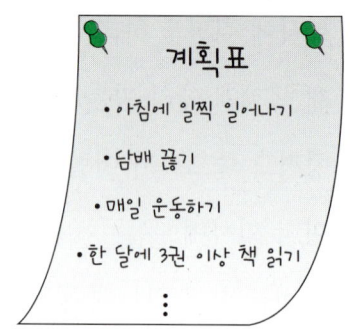

가: 네. 매일 6시 정도에 일어나요.

나: 제일 지키기 어려운 건 뭐예요?

가: _____.
건강에 안 좋은 건 아는데 자꾸 피우게 되네요.

읽기 연습

1 다음은 티나 씨가 쓴 자기 소개서의 일부입니다. 잘 읽고 질문에 답하세요.

> 저는 대학에서 한국어를 전공하면서 한국어를 더 배우기 위해서 작년에 한국에 다녀왔습니다. 유학 가기 전 아무리 노력해도 늘지 않았던 한국어가 빨리 느는 것을 느낄 수 있었습니다. 한국에서의 유학을 통해 저는 쉽게 한국어를 배우고 가르치는 방법에 대해서 큰 관심을 가지게 되었습니다.
>
> 고향으로 돌아와서 한국어 공부를 더욱 열심히 했고, 그 결과 한국어에 대해서 자신감이 생겼습니다. 그리고 대학을 졸업하고 집 근처의 작은 학원에서 학생들에게 한국어를 가르치기 시작했습니다.
>
> 그 학원에서 저는 한국에서 배운 방법을 사용해 학생들을 가르쳐 보려고 노력했습니다. 하지만 아직도 가르치는 데 많은 부족함을 느끼고 있습니다. 그래서 한국어와 한국어 교육에 대해 더 공부하기 위해 이렇게 한국대학교 대학원에 지원하게 되었습니다.

1) 위 글을 쓴 목적은 무엇입니까?

① 한국어를 잘하기 위해서
② 한국어 선생님이 되기 위해서
③ 한국의 대학원에 진학하기 위해서
④ 한국의 대학에서 장학금을 받기 위해서

2) 티나 씨가 한국어를 공부한 경험을 다음 표에 정리해 보세요.

언제	목표	무엇을 했습니까?
대학에서 한국어를 공부할 때	한국어를 잘하기 위해서	한국으로 유학 가기
학원에서 한국어를 가르칠 때		
지금		

쓰기 연습

1 다음은 룬펑 씨의 새 학기 결심입니다. 다음을 보고 룬펑 씨가 되어 새 학기 결심을 소개하는 글을 써 보세요.

〈나의 새 학기 목표〉

장학금을 타기 위해서……

1. 매일 한국어로 일기 쓰기
2. 매일 단어 10개씩 외우기
3. 수업 시간에 지각하지 않기
4. 한국어 책 한 달에 1권씩 읽기
5. 매일 한국 친구와 1시간 이상 이야기하기

아무리 힘들어도 이 목표를 이루기 위해 최선을 다할 것이다.

1) 룬펑 씨가 새 학기에 가장 이루고 싶은 것은 무엇입니까?

2) 룬펑 씨는 그 일을 이루기 위해 구체적으로 어떻게 노력할 것입니까?

매일 한국어로 일기를 쓰고 단어를 10개씩 외울 것입니다.

3) 위의 계획을 보고 룬펑 씨가 되어 새 학기 결심에 대한 글을 써 보세요.

제2과 요리

학습 목표
음식의 재료와 조리법 등을 설명할 수 있다.

주제	요리
기능	재료 설명하기
	조리법 설명하기
연습	말하기 : 음식의 조리법에 대해서 묻고 답하기
	읽기 : 살찌지 않는 요리법에 대한 글 읽기
	쓰기 : 음식의 조리법을 설명하는 글 쓰기
어휘	조리법
문법	–(으)로, –다가, –아/어/여 놓다/두다

제2과 요리

어휘와 표현

1 〈보기〉와 같이 빈칸에 알맞은 말을 쓰세요.

> 보기
> 가: 미역국을 어떻게 만들어요?
> 나: 먼저 물에 담가 둔 미역과 고기를 볶다가 물을 넣고 <u>끓이세요</u>.

❶ 가: 이 파는 어떻게 할까요?
　나: 1cm 크기로 작게 _____

❷ 가: 만두를 맛있게 먹으려면 어떻게 요리하면 좋을까요?
　나: 찜통에 물을 조금 넣고 약한 불에 _____

❸ 가: 시금치 나물은 어떻게 만드는 거예요?
　나: 먼저 시금치를 끓는 물에 살짝 _____.
　　그리고 건져서 양념을 넣고 무치세요.

❹ 가: 전을 만들고 싶은데 어떻게 해야 할까요?
　나: 먼저 밀가루에 물과 계란을 넣고 잘 섞은 후에 프라이팬에
　　_____

❺ 가: 이 요리는 맛이 정말 특이해요. 어떻게 만들어요?
　나: 먼저 프라이팬에 기름하고 마늘을 넣고 _____

❻ 가: 생선에서 나는 냄새를 없애려면 어떻게 요리해요?
　나: 냄비에 생선하고 양념장을 넣고 약한 불에 오래 _____

문법

–(으)로

1 〈보기〉에서 알맞은 말을 골라 이야기한 후 쓰세요.

> 보기
> –에　　　　–(으)로　　　　–하고

❶ 가: 김치_____ 무슨 음식을 만들 수 있어요?

　나: 김치찌개나 김치볶음밥을 만들 수 있어요.

❷ 가: 계란찜은 어떻게 만들어요?

　나: 계란_____ 물을 넣고 잘 푼 후에 찌면 돼요.

❸ 가: 내일 김밥을 싸 가기로 했는데 만드는 법 알아요?

　나: 네, 김 위_____ 밥하고 야채와 고기를 놓고 말면 돼요.

❹ 가: 떡국은 어떻게 간을 해야 돼요?

　나: 소금이나 간장_____ 간을 하면 돼요.

❺ 가: 삼계탕에는 뭐가 들어가요?

　나: 닭고기_____ 인삼이 필요해요.

❻ 가: 이 책은 종이가 참 특이하네요.

　나: 네. 쓰다가 버린 종이_____ 만들었어요.

제2과 요리 **29**

–다가

1 그림을 보고 〈보기〉와 같이 이야기한 후에 쓰세요.

보기
가: 이제 이 반죽을 어떻게 할까요?
나: 프라이팬에서 **부치다가** 뒤집으면 돼요.

❶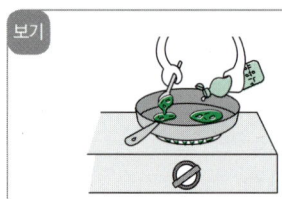
가: 감자볶음을 맛있게 하려면 어떻게 하면 돼요?
나: 감자를 센 불에서 _____ 약한 불로 줄이면 돼요.

❷
가: 불고기는 어떻게 만들어야 돼요?
나: 소고기를 양념장에 _____ 프라이팬에 구우면 돼요.

❸
가: 아침에는 _____ 흐려졌어요.
나: 그렇네요. 비가 올 것 같은데 우산 가지고 왔어요?

❹
가: 늦었네요. 오늘 수업이 늦게 끝났어요?
나: 아니요. 집에 _____ 친구를 만나서 늦었어요.

–아/어/여 놓다/두다

1 〈보기〉와 같이 이야기한 후에 쓰세요.

> 보기
> 가: 냄비의 물을 어떻게 할까요?
> 나: 먼저 물을 <u>끓여 놓으세요</u>.

❶ 가: 감자를 그냥 찔까요?
　　나: 아니요. 먼저 껍질을 _____

❷ 가: 지금 고기를 구우면 돼요?
　　나: 먼저 고기 위에 소금을 조금 _____

❸ 가: 제일 먼저 뭘 해야 돼요?
　　나: 우선 간장하고 파로 양념장을 _____

❹ 가: 끓는 물에 바로 미역을 넣어도 돼요?
　　나: 안 돼요. 미역을 차가운 물에 3분 동안 _____

❺ 가: 선생님, 요리가 다 끝났는데 집에 가도 돼요?
　　나: 사용하신 그릇을 깨끗하게 _____ 가세요.

❻ 가: 방이 너무 추운 것 같아요.
　　나: 이제 창문을 닫을게요. 제가 조금 전에 _____

말하기 연습

1 그림을 보고 이야기한 후에 쓰세요.

1) 가: 우리 오늘 칼국수 먹을래요? 이렇게 비가 오는 날에는 따뜻한 국물이 있는 음식이 좋을 것 같아요.

   나: 좋아요. 그런데 칼국수는 국수를 _____ 이름이 칼국수예요?

   가: 네, 맞아요.

   나: 그럼 불고기는 _____ 이름이 불고기예요?

   가: 맞아요. 밍밍 씨는 하나를 가르쳐 주면 열을 아네요.

2) 가: 오늘 우리 집에 올래? 내가 제육볶음 만들어 줄게.

   나: 그래? 제육볶음 만드는 거 어렵지 않아?

   가: 아니, 아주 쉬워. 돼지고기에 양념을 _____ 구우면 돼.

   나: 양념장은 어떻게 만들어?

   가: 고추장에 다진 마늘하고 설탕, 참기름만 넣으면 돼.

   나: 정말 쉽다. 그런데 양념장에 오래 _____?

   가: 아니, 한 30분만 넣어 두면 돼.

   나: 정말 맛있겠다. 매일 이렇게 네가 해 주는 요리 먹다가 _____ 걱정이야.

3) 가: 너희 고향은 어떤 종류의 음식이 많아?

나: 우리 고향에는 소고기나 돼지고기보다 양고기가 많아. 그래서 우리 고향 음식은 거의 _____

가: 그래? 양고기를 어떻게 요리해서 먹어?

나: 튀김이나 볶음 요리도 있지만 찜 요리가 더 많은 편이야.

가: 양고기 찜은 맛이 어때?

나: 맵지 않고 맛있어. 고향에서 이런 찜 요리만 _____ 한국에서 매운 음식을 많이 먹어서 좀 힘들었어.

읽기 연습

1 다음을 잘 읽고 질문에 답하세요.

> 살찌지 않는 음식이 따로 있을까요? 같은 재료를 넣은 음식도 조리법에 따라 살을 덜 찌게 할 수 있습니다. 다음에 소개된 방법대로 요리를 해 보십시오. 그러면 여러분도 날씬한 몸매를 가질 수 있습니다.
>
> ① 고기에 붙은 기름은 없애고 요리합니다.
> ② 닭, 오리 같은 고기는 껍질을 벗기고 요리합니다.
> ③ 볶음 요리를 할 때는 가능하면 기름 사용을 줄입니다.
> ④ 요리할 때 소금을 줄이고, 재료의 맛을 즐겨 보십시오.
> ⑤ 양파, 피망, 당근 등 야채류를 볶을 때는 기름 말고 육수를 사용하십시오.
> ⑥ 야채를 양념할 때 기름을 넣지 말고 담백한 간장 소스나 마늘 소스를 사용하십시오.

1) 위 글을 쓴 목적은 무엇입니까?

❶ 살찌지 않는 음식을 소개하기 위해서

❷ 살찌지 않는 요리법을 알려 주기 위해서

❸ 한국 음식 요리법을 설명해 주기 위해서

❹ 음식을 맛있게 먹는 방법을 알려 주기 위해서

2) 다음 중 위에서 알려 준 방법대로 요리를 하는 사람은 누구입니까?

❶ 영미: 닭고기를 껍질까지 튀겨서 요리해요.

❷ 수진: 찜 요리보다 볶음 요리를 자주 만들어요.

❸ 영수: 간을 할 때 소금을 조금만 넣어요.

❹ 민지: 볶음 요리를 할 때는 기름을 충분히 넣어요.

쓰기 연습

1 다음은 어떤 요리를 만드는 순서입니다. 그림을 보고 친구에게 요리법을 알려 주는 이메일을 써 보세요.

재료; 해물(오징어, 새우), 파, 밀가루, 계란, 물, 식용유

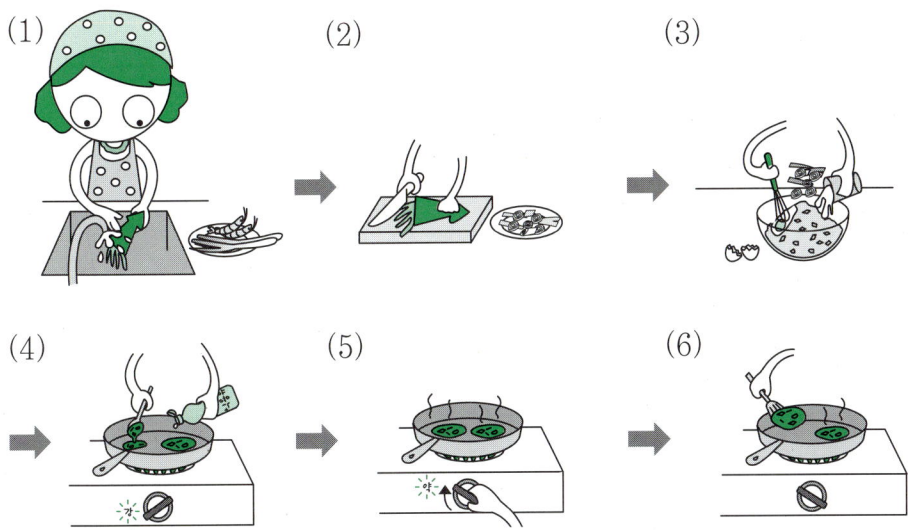

1) 이 요리의 이름은 무엇일까요?

2) 그림을 보고 각 단계에 맞는 요리법을 써 보세요.

(1) 먼저 오징어와 새우, 파를 깨끗이 씻으세요.

(2) _____

(3) _____

(4) _____

(5) _____

(6) _____

3) 위에서 메모한 내용을 바탕으로 요리법을 소개하는 이메일을 써 보세요.

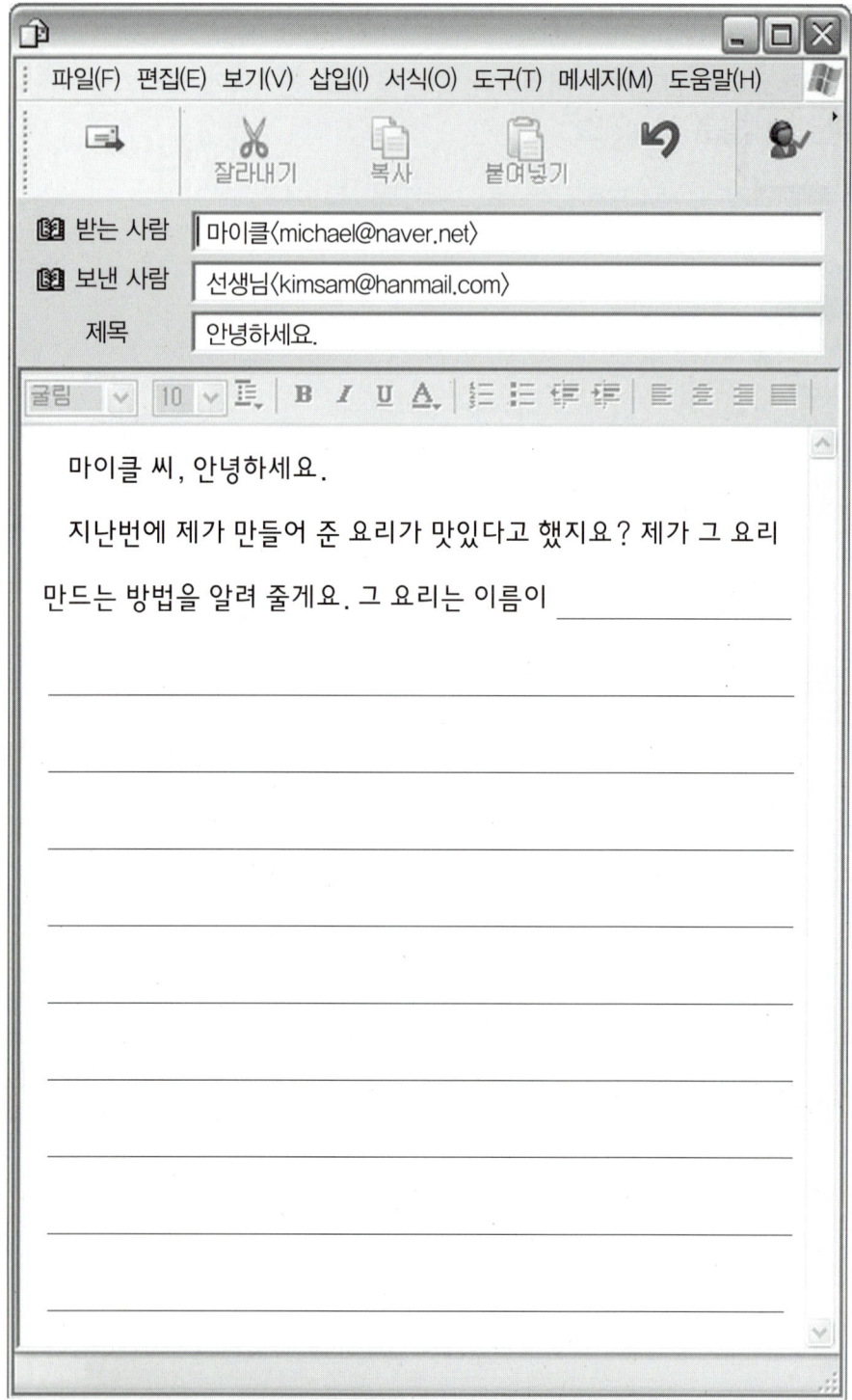

제2과 요리

제3과 소식·소문

학습 목표
간접화법을 이용하여 다른 사람에게 들은 이야기를 전달할 수 있다.

주제	소식과 소문
기능	들은 이야기 전달하기 소문에 대해 이야기하기 소식 전하기
연습	말하기 : 소식과 소문에 대해 묻고 답하기 읽기 : 소문에 대한 이메일을 읽고 내용 파악하기 쓰기 : 들은 이야기와 달랐던 여러 가지 일들에 대해 쓰기
어휘	신상 변화
문법	간접화법(-다고 하다, -냐고 하다, -자고 하다, -(으)라고 하다)

제3과 소식 · 소문

어휘와 표현

1 〈보기〉에서 알맞은 말을 골라 넣으세요.

> 보기
> 입원하다   졸업하다   퇴원하다
> 휴학하다   청혼하다   결혼하다

❶ 가: 영진 씨가 많이 다쳤어요?

나: 네. 심하게 다쳐서 어제 병원에 _____

❷ 가: 어제 뉴스 봤어요? 영화배우 김미미 씨가 아나운서 신철호 씨랑 _____

나: 그래요? 두 사람은 정말 잘 어울리는 것 같아요.

❸ 가: 민규 씨는 아직도 학교에 다녀요?

나: 아니요. 지난 2월에 _____

❹ 가: 이제 다 나은 거야? 네가 다쳤다고 해서 많이 걱정했어.

나: 이제 괜찮아. 많이 좋아져서 어제 병원에서 _____

❺ 가: 철민 씨가 저한테 꽃하고 반지를 주면서 _____

나: 정말요? 축하해요.

❻ 가: 영미 씨 남자 친구는 군대에 갔어요?

나: 아니요. 다음 달에 가려고 이번 학기에 _____

문법

 -다고 하다

1 〈보기〉와 같이 이야기한 후에 쓰세요.

> 보기
> 가: 와, 이 예쁜 카드는 뭐예요?
> 나: 결혼 초대장이에요. 지수 씨가 마이클 씨하고 **결혼한다고 해요**.

① 가: 나정 씨가 요즘 바빠요? 잘 안 보이네요.
　 나: 대학원에 입학해서 많이 _____

② 가: 밍밍 씨가 왜 요즘 학교에 안 오죠? 혹시 무슨 소식 들었어요?
　 나: 농구를 하다가 다리를 심하게 _____

③ 가: 티모 씨 생일인데 뭘 선물하면 좋을까요?
　 나: CD가 어때요? 티모 씨는 음악 듣는 걸 _____

④ 가: 와, 저 사람 정말 농구를 잘하네요.
　 나: 아, 토머스 씨요? 고등학교 때는 유명한 _____

⑤ 가: 지하철 요금이 1,000원에서 1,200원으로 _____
　 나: 또요? 얼마 전에도 오르지 않았어요?

⑥ 가: 민수 씨는 책 읽는 것을 정말 좋아하는 것 같아요.
　 나: 맞아요. 요즘도 일주일에 두세 권씩은 책을 꼭 _____

제3과 소식·소문 **41**

–냐고 하다

1 〈보기〉와 같이 이야기한 후에 쓰세요.

> 보기
> 가: 기영 선배가 언제 다시 학교에 온다고 해요?
> 나: 글쎄요. 내일 만나는데 언제 **복학하냐고** 물어볼게요.

❶ 가: 혹시 미에코 씨랑 통화했어요? 어제 모임에 왜 _____ 물어봤어요?

　나: 네. 갑자기 집에 중요한 일이 생겨서 못 왔다고 했어요.

❷ 가: 소라 씨가 앤디 씨랑 사귄다는 게 사실이야?

　나: 아닌 것 같아. 오히려 소라 씨가 나한테 앤디 씨랑 _____ 물어봐서 깜짝 놀랐어.

❸ 가: 승우 씨가 요즘 안색이 안 좋아 보여요. 무슨 일 있어요?

　나: 잘 모르겠어요. 저도 걱정이 돼서 어디 _____ 물어봤는데 특별히 아픈 데는 없다고 했어요.

❹ 가: 여름 방학 때 여행 간다면서요? 어디로 갈 거예요?

　나: 글쎄요. 한국 친구에게 어디가 _____ 물어보고 결정하려고 해요.

❺ 가: 한국 친구들은 왜 저를 만나면 꼭 남자 친구가 _____ 물어보지요?

　나: 그건 아마 나타샤 씨한테 관심이 있어서 그럴 거예요.

–자고 하다

1 〈보기〉와 같이 이야기한 후에 쓰세요.

> 보기
> 가: 미선 씨가 주말에 같이 테니스를 <u>치자고</u> 하는데 어떻게 할까요?
> 나: 이번 주말은 바빠서 안 된다고 전해 주세요.

❶ 가: 샤오밍 씨, 방학 때 특별한 계획 있어요?
　나: 친구들이 같이 제주도에 _____ 해서 좋다고 했어요.

❷ 가: 팀장님이 오늘은 회의 내용이 많으니까 회의를 일찍 _____ 했어요.
　나: 그래요? 몇 시에 시작한다고 해요?

❸ 가: 영진 씨가 저녁 때 연극을 _____ 하는데 같이 갈래요?
　나: 무슨 연극인데요?

❹ 가: 수미 씨, 이번 주 토요일에 저랑 같이 노래방에 갈래요?
　나: 미영 씨도 어제 저한테 노래방에 _____ 했는데. 그럼 셋이 같이 가요.

❺ 가: 제임스 씨, 하숙집 옮겼어요?
　나: 네. 마이클 씨가 같은 하숙집에서 _____ 해서 이사했어요.

–(으)라고 하다

1 〈보기〉와 같이 이야기한 후에 쓰세요.

> 보기
> 가: 미라 씨가 오늘은 공항에 가야 돼서 학교에 올 수 없다고 해요.
> 나: 그래요? 그럼 내일은 시험이 있으니까 학교에 꼭 <u>오라고</u> 전해 주세요.

① 가: 토머스 씨가 다음 주에 고향으로 돌아간다고 하네요.
　나: 그래요? 토머스 씨를 보면 가기 전에 나한테 ＿＿＿＿＿＿＿＿ 전해 주세요.

② 가: 모나 씨가 한국에 올 때 부모님께서 뭐라고 하셨어요?
　나: 한국에 가서 공부 열심히 하고 건강하게 잘 ＿＿＿＿＿＿＿＿ 하셨어요.

③ 가: 지난번에 거짓말한 것 때문에 여자 친구가 화났어요.
　나: 그럴 줄 알았어요. 제가 그냥 솔직하게 ＿＿＿＿＿＿＿＿ 했잖아요.

④ 가: 미나 씨가 어제 자전거를 타다가 다쳤는데 병원에 안 간다고 하네요.
　나: 뭐라고요? 꼭 병원에 ＿＿＿＿＿＿＿＿ 하세요. 그래야 빨리 낫죠.

⑤ 가: 이게 뭐예요? 저한테 주는 거예요?
　나: 제가 주는 건 아니고 영진 씨가 미영 씨한테 ＿＿＿＿＿＿＿＿ 했어요.

말하기 연습

1 그림을 보고 이야기한 후에 쓰세요.

1) 가: 어디 가요? 무슨 급한 일 있어요?

   나: 수진 씨가 머리가 너무 아프다고 약을 좀 _____ 해서 약국에 가요. 시험 때문에 그런 것 같아요.

   가: 그럴 리가요. 어제도 노래방에서 수진 씨를 만나서 놀았는데요.

   나: _____? 나한테는 공부를 너무 열심히 해서 머리가 아프다고 했는데.

2) 가: 어, 진수 선배, 안녕하세요. 학교에는 웬일이세요?

   나: 수업 들으러 학교에 왔지.

   가: 사람들이 선배가 군대에 _____ 이야기하는 것을 들었는데요.

   나: 군대에 가기는. 머리를 짧게 잘라서 _____

3) 가: 어디 가? 바쁜가 보네.

   나: 응. 봉사 동아리 일 때문에 병원에 가는 길이야.

   가: 정말? 요즘 네가 _____ 소문을 들었는데 정말이네.

   나: 달라지기는. 수정이가 한 번만 _____ 해서 도와주러 갔다가 동아리에 가입하게 된 거야.

   가: 그래? 봉사 동아리에서는 어떤 일을 해?

   나: 한국어를 못하는 사람들을 위해서 통역해 주는 일을 해.

읽기 연습

1 다음은 마야 씨가 크리스티나 씨에게 보낸 이메일입니다. 잘 읽고 질문에 답하세요.

받는 사람: 크리스티나 〈Christina@koreauni.net〉
보낸 사람: 마야 〈Mayalo20@hotmail.net〉
제목: 어떻게 하면 좋을까?

크리스티나에게.

그동안 잘 지냈어? 몇 번 전화했는데 연락이 안 되네. 부산에서도 한국어 공부는 열심히 하고 있지? 그곳 날씨는 어때? 서울은 아직 추워. 날씨처럼 내 마음도 춥고. 왜냐하면 한 달 전에 승민 씨랑 헤어졌거든.

내가 사랑하는 사람이었기 때문에 난 헤어진 후에도 승민 씨를 좋게 생각하려고 노력했는데 승민 씨는 그렇지 않은 것 같아. 승민 씨가 우리 두 사람이 사귀는 동안 내가 바람을 피웠다는 이상한 말을 하고 다닌다고 해. 그리고 내가 술만 마시면 이상한 행동을 한다고 거짓말도 하고.

내 생각에 아무리 헤어졌어도 사랑한 사람에 대해 다른 사람들에게 나쁘게 이야기하는 건 좋지 않은 것 같은데. 어떻게 하는 게 좋을까? 요즘 이 일만 생각하면 잠도 안 오고 밥맛도 없어.

넌 누구보다 나랑 승민 씨를 잘 아는 사람이니까 승민 씨가 이렇게 행동하는 이유를 알 것 같아서 이렇게 메일을 써. 좀 도와줘.

연락할게. 안녕.

마야 씀.

1) 마야 씨는 왜 이메일을 썼습니까?

　❶ 크리스티나의 부탁을 들어주려고

　❷ 지금 사귀는 남자 친구와 헤어지려고

　❸ 크리스티나에게 고민을 이야기하려고

　❹ 크리스티나에 대한 소문을 이야기해 주려고

2) 읽은 내용과 같으면 O, 다르면 ✗에 표시하세요.

　(1) 크리스티나 씨는 지금 부산에 살고 있다.　　　O　✗

　(2) 승민 씨는 마야 씨에 대해서 나쁜 말을 하고 다닌다.　　O　✗

　(3) 먀야 씨가 술을 마시면 이상해져서 두 사람은 결국　　O　✗
　　　헤어지게 됐다.

쓰기 연습

1 다음은 마이클 씨가 들은 소식과 소문입니다. 다음을 보고 마이클 씨의 이상한 하루에 대한 글을 써 보세요.

소식과 소문	오늘 경험한 일
"오늘 하루 종일 비가 내린다."	비가 한 방울도 안 내렸다.
"오늘 회의는 일찍 끝난다."	점심시간이 지나도 회의가 끝나지 않았다.
"서울식당은 삼계탕이 맛있다."	먹어 본 삼계탕 중 가장 맛이 없었다.
"백화점에서 세일을 하고 있다."	백화점 세일은 어제 끝났다.

1) 마이클 씨는 위의 소식과 소문을 듣고 어떻게 행동했을까요?

   (1) 오늘 하루 종일 비가 내린다고 해서 우산을 가지고 갔다.

   (2) _____

   (3) _____

   (4) _____

2) 위에서 메모한 내용을 바탕으로 여러분이 마이클 씨가 되어 이상한 하루에 대한 글을 써 보세요.

   오늘은 정말 이상한 하루였다.

   _____

   _____

   _____

   _____

   _____

   이렇게 힘든 하루를 보내고 보니 앞으로는 다른 사람들의 이야기를 모두

   믿지는 말고 내가 직접 확인해 봐야겠다는 생각이 들었다.

제4과 성격

학습 목표
성격을 설명하고 성격의 장·단점에 대해 이야기할 수 있다.

주제	성격
기능	성격 설명하기
	성격의 장·단점 이야기하기
연습	말하기 : 성격에 대해 묻고 답하기
	성격과 생활에 대해 말하기
	읽기 : 성격을 바꾸는 방법에 대한 글 읽기
	쓰기 : 가족의 성격을 소개하는 글 쓰기
어휘	성격
문법	-잖아요, -지 못하다, 아무 -(이)나, -(으)ㄹ 정도

제4과 성격

어휘와 표현

1 〈보기〉에서 알맞은 말을 골라 넣으세요.

> 보기
> 꼼꼼하다　　　　　덤벙대다　　　　　털털하다
> 내성적이다　　　　성격이 급하다　　　고집이 세다

❶ 가: 민준 씨 여자 친구는 성격이 어때요?
　　나: _____ 뭐든지 빨리 해요. 밥도 정말 빨리 먹어요.

❷ 가: 민수 씨는 다른 사람 말을 잘 듣지 않는 것 같아요.
　　나: 맞아요. _____ 회의할 때 매번 자기주장만 하는 편이에요.

❸ 가: 주영 씨는 _____ 일을 할 때 실수가 거의 없어요.
　　나: 그래요? 주영 씨한테 어떤 일을 부탁해도 안심이 되겠네요.

❹ 가: 기철이는 _____ 이런 일로는 화를 안 낼 거야.
　　나: 맞아. 내 생각에도 그럴 것 같아.

❺ 가: 저는 _____ 새로운 사람하고는 인사도 잘 못 해요.
　　나: 그래요? 별로 그런 것 같아 보이지 않았는데.

❻ 가: 마이클, 또 열쇠를 잃어버렸어?
　　나: 응. 이번이 벌써 세 번째야. 너무 _____ 정말 걱정이야.

문법

–잖아요

1 〈보기〉와 같이 이야기한 후에 쓰세요.

> 보기
> 가: 현준 씨는 정말 주변에 친구들이 많네요.
> 나: 제가 좀 사교적이라서 사람들과 잘 **어울리잖아요**.

❶ 가: 수업 시간에 늦었는데 안나 씨는 어디에 있는 거야?
　 나: 저기 뒤에서 혼자 천천히 걸어오고 있어. 원래 안나 씨가 성격이 좀 _____

❷ 가: 수연 씨 방은 항상 깨끗한 것 같아요.
　 나: 제가 요리하는 건 싫어하지만 청소하는 건 _____

❸ 가: 또 동아리에 가입했어? 원래 두 개나 하고 있었잖아?
　 나: 내가 여기저기에 관심이 좀 _____

❹ 가: 지수 씨 책상에 선물이 많은데 오늘 무슨 날이에요?
　 나: 몰랐어요? 오늘이 지수 씨 19번째 _____

❺ 가: 마이클 씨, 요즘 바쁜 것 같아요. 무슨 일 있어요?
　 나: 네. 한국어능력시험이 일주일도 _____

❻ 가: 이상하다. 오늘 왜 이렇게 피곤하지?
　 나: 이상하기는요. 어젯밤 12시까지 사무실에서 같이 _____

제4과 성격

－지 못하다

1 〈보기〉와 같이 이야기한 후에 쓰세요.

> 보기
> 가: 남자 친구가 정말 조용한 것 같아요.
> 나: 네. 그래서 사람들과 쉽게 <u>사귀지 못해요</u>.

❶ 가: 늘 활발한 수민 씨가 오늘은 힘이 없어 보이네요. 점심 안 먹었어요?
　　나: 네. 시간이 없어서 _____

❷ 가: 케이코 씨, 어제 파티 재미있었어요?
　　나: 아니요. 제가 좀 내성적이라서 사람들과 별로 _____

❸ 가: 어제 콘서트에서 좋아하는 가수 얼굴은 봤어요?
　　나: 콘서트에 갔지만 사람이 너무 많아서 가까이에서는 얼굴을
　　　　_____

❹ 가: 왜 이렇게 왔다 갔다 해요?
　　나: 미안해요. 제가 긴장을 하면 가만히 _____

❺ 가: 3년 동안 피아노를 배웠다고 했어요? 한번 들어 보고 싶어요.
　　나: 제가 요즘 연습을 많이 안 해서 잘 _____

❻ 가: 어제 수희 씨한테 청혼했어요?
　　나: 만나기는 했는데 옆에 친구들이 많아서 _____

아무 –(이)나

1 〈보기〉와 같이 이야기한 후에 쓰세요.

> 보기
> 가: 수진 씨는 어떤 음식을 잘 먹어요?
> 나: 저는 털털해서 <u>아무 거나</u> 다 잘 먹어요.

① 가: 마이클 씨는 정말 아는 사람이 많은 것 같아요.
  나: 네. 제가 활발한 성격이라서 _____ 잘 어울리잖아요.

② 가: 영진 엄마, 이 옷 영진이한테 주면 좋아할까요?
  나: 그럼요. 우리 애는 성격이 좋아서 _____ 잘 입어요.

③ 가: 몇 시에 찾으러 가면 될까요?
  나: 오후 4시 이후에 _____ 오시면 돼요.

④ 가: 궁금한 게 있으면 누구한테 물어봐야 돼요?
  나: 안내하는 사람이 많이 있으니까 _____ 물어보세요.

⑤ 가: 우리 오늘 어디에서 만날까요?
  나: 그냥 얘기만 하면 되니까 _____ 만나요.

⑥ 가: 과장님, 다음 주 회의에 누가 가면 좋을까요?
  나: 별로 중요한 회의가 아니니까 그 팀에서 _____ 가도 괜찮아요.

–(으)ㄹ 정도

1 그림을 보고 〈보기〉와 같이 이야기한 후에 쓰세요.

보기
가: 지현 씨는 정말 사교적인 것 같아요.
나: 맞아요. 처음 만난 사람과도 밤늦게까지 <u>이야기할 정도로</u> 사교적이에요.

❶
가: 영수 씨는 정말 책 읽는 걸 좋아하는 것 같아요.
나: 한번 책을 잡으면 밥 먹는 것도 _____ 책을 좋아해요.

❷
가: 옆 반의 소피아 씨는 성격이 어때요?
나: 다른 사람들 앞에서 이름도 _____ 내성적이에요.

❸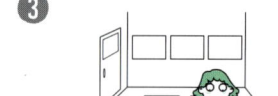
가: 우리 반 수잔 씨는 정말 부지런한 사람이에요.
나: 그래요. 매일 제일 먼저 학교에 _____ 부지런해요.

❹
가: 밍밍 씨, 떡볶이가 그렇게 매웠어요?
나: 네, 너무 매워서 눈물이 _____

말하기 연습

1 다음을 이야기한 후에 쓰세요.

1) 가: 벌써 다 했어요? 지수 씨는 매일 일찍 일어나고 일도 미리 끝내고 정말 _____ 것 같아요.

   나: 네. 저는 제때 일을 끝내야 마음이 편해요.

   가: 저는 매일 늦게 일어나고 일요일에는 손가락 하나 _____ 게으른데요.

   나: 그래요? 민관 씨에게 그런 면이 있었어요?

2) 가: 민경 씨는 정말 자기밖에 모르는 것 같아요.

   나: 제가 오랫동안 옆에서 봤는데 _____ 차가운 것 같지만 속은 정말 따뜻한 사람이에요.

   가: 따뜻한 사람이라고요? 왜 그렇게 생각해요?

   나: 내가 힘들었을 때 제일 먼저 도와준 사람이 민경 씨였어요.

3) 가: 다니엘 씨는 한국 생활에 잘 적응하는 것 같아요.

   나: 네, 제가 원래 성격이 활발하고 적극적이라서 새로운 생활에 잘 적응하는 편이에요. 그리고 아무하고나 이야기도 잘하고 사람들하고 잘 _____.

   가: 저는 다니엘 씨와는 반대로 성격이 _____ 처음 만나는 사람하고는 말도 잘 못 해요. 그래서 걱정이에요.

   나: 그런 것 같지 않은데요. 저랑 처음 만났을 때도 이야기 잘했잖아요.

읽기 연습

1 다음은 성격에 대한 이야기입니다. 잘 읽고 질문에 답하세요.

> 자신의 성격에 만족하는 사람은 없을 것이다. 하지만 성격을 바꾸는 것은 생각보다 쉽지 않다. 하지만 성격을 바꾸려고 노력한 끝에 자신이 원하는 성격으로 바꾼 사람들도 있다.
>
> 회사원인 김희수 씨는 내성적이고 조용한 성격이라서 다른 사람 앞에서 자기 표현을 잘 못하는 편이었다. 평소에 자동차에 관심이 많은 희수 씨는 우연히 같은 회사 동료의 추천으로 자동차 동호회에 가입을 했다. 동호회 회원들은 같은 관심사를 갖고 있어서 처음 보는 사람과도 이야기를 쉽게 나눌 수 있었다. 이런 동호회 생활을 한 지 1년이 지난 지금 김희수 씨의 성격도 조금씩 활발한 성격으로 바뀌게 되었다.
>
> 유지혜 씨도 소극적인 성격 때문에 평소 다른 사람과 잘 어울리지 못했다. 그렇지만 부모님의 권유로 어렸을 때부터 관심이 있었던 무용을 배우면서 소극적인 성격을 바꿀 수 있었다. 많은 사람들 앞에서 발표회도 하고 신입생들에게 간단한 무용도 가르칠 정도로 지혜 씨는 조금씩 적극적이고 사교적인 성격으로 바뀌었다.
>
> 내성적인 사람이라면 이 두 사람처럼 관심이 있는 일을 통해 성격을 바꾸어 보는 것은 어떨까?

1) 위 글의 제목으로 알맞은 것을 고르세요.

　❶ 성격과 취미의 관계　　❷ 성격에 맞는 직업 찾기

　❸ 성격을 바꾸는 방법　　❹ 외모와 성격에 대한 고민

2) 위 글을 읽고 다음 표를 완성해 보세요.

이름	과거의 성격	성격을 바꾼 방법	현재의 성격
김희수			
유지혜			

58

쓰기 연습

1 철민 씨네 가족의 성격은 모두 다릅니다. 다음을 보고 철민 씨가 되어 가족의 성격에 대해 소개하는 글을 써 보세요.

• 자기 표현을 거의 안 함. • 하는 일에 거의 실수가 없음.	• 결혼 전 아버지에게 매일 편지 함. • 무슨 일이든지 빨리 함.	• 자기밖에 모르고 다른 사람과 어울리지 못함. • 약속 시간을 잘 지키고 숙제는 꼭 해 감.	• 숙제를 잘 미루고 일찍 일어나는 걸 싫어함. • 친구가 많고 아무 데서나 잘 잠.

1) 〈보기〉에서 알맞은 성격을 골라 철민 씨 가족을 소개해 보세요.

> 보기
> 게으르다　　　　털털하다　　　　성실하다
> 이기적이다　　　적극적이다　　　성격이 급하다

(1) 아버지 : 자기 표현을 거의 안 할 정도로 내성적이시다. 그리고 꼼꼼하셔서 _____

(2) 어머니 : _____

(3) 여동생 : _____

(4) 철민 씨 : _____

2) 위의 내용을 바탕으로 여러분이 철민 씨가 되어 여러분 가족의 성격을 소개해 보세요.

우리 가족은 외모만큼이나 성격도 다르다. 아버지께서는 자기 표현을 잘 안 하실 정도로 내성적인 성격이시다.

_____

_____

_____

_____

_____

_____

_____

_____

이렇게 성격은 모두 다르지만 우리 가족은 서로 사랑하며 행복하게 살고 있다.

제4과 성격

제5과 생활 예절

학습 목표
공공장소에서 지켜야 할 예절이나 규칙에 대해 이야기할 수 있다.

주제	생활 예절
기능	공공장소에서의 생활 예절 이야기하기 규칙에 대해 묻고 답하기
연습	말하기 : 익숙하지 않은 공공 예절에 대해 묻고 답하기 읽기 : 윗사람에 대한 한국 사회의 예절에 관한 글 읽기 쓰기 : 영화관에서 경험한 다른 사람의 예의 없는 행동에 대해 쓰기
어휘	공공 규칙, 예의 없는 행동, 예의·질서
문법	−게 하다, − 줄 알다/모르다, −다면서요, −(으)ㄹ 텐데요

제5과 생활 예절

어휘와 표현

1 그림을 보고 알맞은 말을 연결하세요.

①  • • ⓐ 애완동물은 들어가면 안 된다.

②  • • ⓑ 휴대 전화를 사용하면 안 된다.

③  • • ⓒ 담배를 피우면 안 된다.

④  • • ⓓ 주차를 하면 안 된다.

⑤  • • ⓔ 사진을 찍으면 안 된다.

⑥  • • ⓕ 음식물을 가지고 들어가면 안 된다.

–(으)ㄹ 텐데요

1 〈보기〉와 같이 이야기한 후에 쓰세요.

> 보기
> 가: 저 학생이 휴지를 여기저기 버리네요.
> 나: 저렇게 휴지를 여기저기 버리면 선생님께 **혼날 텐데요**.

① 가: 저 택시 기사는 휴대 전화로 통화하면서 운전을 하네요.
   나: 그러게요. 저러다가 사고가 날 수도 _____.

② 가: 저 학생들은 도서관에서 너무 큰 소리로 이야기하네요.
   나: 다른 학생들이 공부에 방해가 된다고 _____.

③ 가: 저 아이들은 식당에서 너무 뛰어다니네요.
   나: 그러게요. 다른 사람을 배려해서 부모가 예의를 좀 가르치면
   _____.

④ 가: 저 여학생들이 입은 치마가 너무 짧은데요.
   나: 그렇죠? 오늘처럼 추운 날씨에 저렇게 입으면 감기에 _____.

⑤ 가: 제 친구가 곧 영국에 유학을 가는데 그 나라의 문화를 너무 몰라요.
   나: 그래요? 문화를 너무 모르면 가서 실수를 _____.

⑥ 가: 저 아저씨는 왜 지하철 안에서 신문을 펴서 읽을까요?
   나: 그러게요. 앞에 서 있는 사람들이 많이 _____.

말하기 연습

1 그림을 보고 이야기한 후에 쓰세요.

1) 가: 니콜라 씨, 오늘 기분 나쁜 일이 있었어요?
   나: 네. 아까 수업 시간에 모자 때문에 교수님께 혼났어요.
   가: 아, 한국에서는 수업 시간에 _____
   나: 그런 예절이 _____. 앞으로는 조심해야겠어요.

2) 가: 나는 저런 사람이 정말 이해가 안 돼.
   나: 응? 어떤 사람?
   가: 우리는 다 한 줄로 서 있는데, 자기 혼자서 문 앞에서 기다리잖아.
   나: 그러게. 저 사람은 한 줄로 _____.
   우리가 이야기해 주자.

3) 가: 여기 사람들은 정말 너무 _____
   나: 왜요? 무슨 일이 있었어요?
   가: 오늘 회사 건물에서 나오는데 제 앞에 가는 남자가 문을 열고 그냥 가 버렸어요. 그래서 그 문에 살짝 부딪혔어요.
   나: 아, 맞다. 제임스 씨 고향에서는 뒤에 오는 _____ 문을 잡아 준다면서요?
   우리는 아직 그런 예절에 익숙하지 않아서 그래요. 이해하세요.

70

읽기 연습

1 다음은 윗사람에 대한 한국 사회의 예절에 관한 글입니다. 잘 읽고 질문에 답하세요.

> 한국은 예로부터 윗사람에 대한 예절을 꼭 지켜야 하는 것으로 생각했다. 어른들과 식사를 할 때 어른이 숟가락을 드시기 전에 먼저 숟가락을 들면 안 되고, 식사가 끝나도 어른이 일어나시기 전에 먼저 자리에서 일어나면 안 된다. 반찬이 너무 멀리 있는 경우, 반찬을 집기 위해 팔을 길게 뻗는 것은 윗사람들의 식사를 방해할 수도 있기 때문에 조심하는 것이 좋다. 또한 ㉠'찬물도 위아래가 있다.'는 속담에서처럼 무엇이든 먹을 것이 생기면 가장 먼저 윗사람께 드려야 예의 바른 행동이라고 생각했다.
>
> 이처럼 윗사람에 대한 예절을 강조하는 것은 행동에서뿐 아니라 언어 표현에도 많이 나타난다. 한국어의 높임말이 발달한 것도 바로 이러한 전통 때문이라고 할 수 있다. 생활 속에서도 윗사람에게는 '술'이라는 단어보다 좀 더 점잖은 말인 '약주'를 사용하고, 힘든 일을 끝낸 윗사람에게 '고생을 한다'는 부정적 의미의 '수고하셨어요'라는 표현 대신에 '애쓰셨어요'라고 말하는 것도 모두 예의를 잘 지키는 예라고 할 수 있겠다.

1) 읽은 내용과 같으면 ○, 다르면 ✕에 표시하세요.

 (1) 어른들과 식사를 할 때는 먼저 밥을 다 먹어도 앉아서 기다려야 한다. ○ ✕

 (2) 윗사람에게 '수고하셨어요'라고 인사하는 것은 예의 바른 표현이다. ○ ✕

 (3) 윗사람에 대한 예절은 말과 행동에서 모두 강조된다. ○ ✕

2) 밑줄 친 ㉠'찬물도 위아래가 있다'라는 말에서 '찬물'의 의미로 알맞은 것을 고르세요.

 ❶ 건강에 좋은 것   ❷ 매우 비싼 것

 ❸ 별로 좋지 않은 것   ❹ 구하기 어려운 것

쓰기 연습

1 다음은 사치코 씨가 영화관에서 만난 예의 없는 사람들의 행동입니다. 그림을 보고 사치코 씨가 되어 영화관에서의 상황을 설명하는 글을 써 보세요.

1) 사치코 씨는 몇몇 예의 없는 사람들 때문에 영화를 잘 보지 못했습니다. 그 사람들은 어떤 행동을 했습니까?

   (1) 휴대 전화를 사용하며 큰 소리로 떠들었다.

   (2) _____

   (3) _____

   (4) _____

   (5) _____

2) 위의 행동 때문에 사치코 씨는 어떤 불편함을 겪었습니까?

   휴대 전화를 사용하여 떠드는 사람 때문에 소리가 잘 들리지 않아서 화가 났다.

   _____

   _____

3) 위에서 메모한 내용을 바탕으로 여러분이 사치코 씨가 되어 오늘 영화관에서 겪은 일들과 그에 대한 생각을 정리해 보는 글을 써 보세요.

오늘 나는 오랜만에 시간이 나서 영화관에 갔다. 그런데, 이상하게도 오늘 영화관에는 예의 없는 사람들이 너무 많았다.

먼저, 내 뒤에 앉은 사람이 자꾸 휴대 전화를 사용하며 큰 소리로 떠들었다. 그 사람 때문에 소리가 잘 들리지 않아서 화가 났다.

종합 연습 I

1 다음 밑줄에 알맞은 말을 고르세요.

1) 가: 이 가게 과일 주스가 그렇게 맛있어요?

　　나: 네. 과일을 직접 _____ 만들기 때문에 신선하고 맛있어요.

　　① 까서　　　② 쪄서　　　③ 갈아서　　　④ 다져서

2) 가: 김 선생님은 정말 성격이 급하신 것 같아요.

　　나: 저도 그렇게 생각했는데 일하시는 것을 보니까 실수도 없고 아주 _____.

　　① 털털하세요　② 조용하세요　③ 꼼꼼하세요　④ 내성적이세요

3) 가: 수영장에 갈 때 먹을 것도 가지고 갈 수 있어요?

　　나: 안 돼요. 그 수영장은 음식물 _____.

　　① 이용 금지예요　② 출입 금지예요　③ 사용 금지예요　④ 반입 금지예요

2 다음 밑줄 친 부분과 의미가 비슷한 것을 고르세요.

1) 올해 저의 계획은 한국어능력시험 중급에 <u>붙는</u> 것입니다.

　　① 따는　　　② 버는　　　③ 합격하는　　　④ 연습하는

2) 나이가 많은 사람에게 반말을 하는 것은 <u>예의에 어긋나는</u> 일이에요.

　　① 예의 있는　② 예의 없는　③ 실례가 아닌　④ 남을 배려하는

3) 상민 선배가 제대하고 <u>다시 학교에 다닌다면서요</u>?

　　① 퇴원했다면서요　　　　② 청혼했다면서요
　　③ 졸업했다면서요　　　　④ 복학했다면서요

3 다음에서 알맞은 말을 골라 대화를 완성하세요.

1) 삶다 – 데치다 – 끓이다

   가: 냉면 위에 놓을 계란은 준비했어요?

   나: 네. 조금 전에 지수 씨가 계란을 _____

2) 급하다 – 느긋하다 – 덤벙대다

   가: 주말에는 보통 뭐 해요?

   나: 주말에는 회사에 안 가도 되니까 늦잠도 자고 아침도 천천히 먹으면서 _____ 시간을 보내요.

3) 청혼하다 – 결혼하다 – 이혼하다

   가: 왜 요즘 부부 모임에 영미 씨 혼자만 와요? 진수 씨는 바빠요?

   나: 몰랐어요? 지난달에 진수 씨하고 영미 씨가 _____

4 다음 밑줄에 알맞은 말을 고르세요.

1) 가: 어떻게 하면 이렇게 맛있는 음식을 만들 수 있어요?

   나: 맛있는 음식을 _____ 싱싱한 재료를 사는 게 중요해요.

   ❶ 만들지만   ❷ 만드니까   ❸ 만들기 위해서   ❹ 만들고 싶어서

2) 가: 이 꽃은 왜 향기가 안 나요?

   나: 아, 이건 진짜 꽃이 아니라 종이_____ 만든 꽃이에요.

   ❶ 에   ❷ 로   ❸ 하고   ❹ 에서

3) 가: 여자들은 꼭 치마를 입고 화장을 해야 한다고 생각하는 건 옛날 이야기예요.

   나: 그래요? 민영 씨는 외모_____ 관심이 없는 것 같아요.

   ❶ 보다   ❷ 만큼   ❸ 에 대해서   ❹ 에 비해서

5 다음 [   ]의 단어를 알맞은 형태로 바꾸어 밑줄에 쓰세요.

1) [나가다]

   가: 추운데 왜 밖에 나와 있어요?

   나: 식당 주인이 담배를 피우려면 밖으로 _____

2) [생각하다]

   가: 수밧 씨는 정말 한국말을 잘하는 것 같아요.

   나: 네. 처음 만난 사람들이 한국 사람으로 _____

3) [맵다]

   가: 여기에 고춧가루를 뿌려 먹는 거예요?

   나: 네. 그런데 그렇게 많이 넣으면 _____

6 그림을 보고 〈보기〉와 같이 [   ]의 표현을 이용해서 문장을 만드세요.

〈보기〉
[시간이 없다, 택시를 타다, 좋다]
시간이 없으니까 택시를 타는 게 좋겠어요.

1) [수미, 이사를 도와주다, 부탁하다]
   _____

2) [우리 언니, 질서를 안 지키는 것을 보다, 참다]
   _____

3) [영수 씨, 교통사고가 나다, 병원에 입원하다]
   _____

7 대화의 밑줄에 알맞은 표현을 쓰세요.

1) 가: 매일 청소해도 길이 좀 더러운 것 같아요.

   나: 이렇게 _____ 침을 뱉는 사람이 많아서 그런 것 같아요.

2) 가: 민수 씨랑 영진 씨가 사귄다면서요?

   나: _____. 두 사람이 같이 다니는 걸 봤다는 이야기를 많이 들었어요.

3) 가: 박물관에서 사진을 찍을 수 있어요?

   나: 아니요. 사진을 찍으면 그림이 상하기 때문에 사진을 못 _____ 해요.

8 대화의 밑줄에 알맞은 표현을 쓰세요.

1) 가: 요즘 좋아하는 쇼핑도 안 하고 무슨 일 있어요?

   나: 올해 자전거를 사기 위해서 돈을 모으고 있어요.

   가: 정말요? 수미 씨는 자전거를 _____

   나: 요즘 친구에게 배우고 있어요. 이제부터 자전거를 타고 다니려고요.

   가: 그래요? 왜 그런 계획을 _____?

   나: 작년부터 건강이 많이 안 좋아져서요. 텔레비전에서 봤는데 건강을 위해서 자전거를 타는 게 좋다고 해요.

2) 가: 영진 씨가 시험 때 다른 친구 시험지를 보고 썼다고 하는 이야기를 들었는데요.

   나: 영진 씨가요? 그럴 리가요. 영진 씨는 공부도 잘하잖아요.

   가: 그러게 말이에요. 그런데 영진 씨의 답이 민수 씨의 답하고 _____

   나: 영진 씨하고 민수 씨 모두 공부를 잘하니까 답이 같을 수도 있지요.

   가: 그럴 수도 있겠네요. 그런데 왜 그런 _____?

   나: 사람들이 영진 씨를 부러워해서 그런 것 같아요. 영진 씨는 성격도 좋고 공부도 잘하니까요.

9 다음 문장의 순서를 바꿔 자연스러운 대화를 만드세요.

1) 가: 돼지고기가 익으면 냄비에 물을 넣고 끓이면 됩니다.
   나: 오늘의 요리는 김치찌개입니다. 먼저 김치와 돼지고기를 준비하세요.
   다: 썰어 놓은 돼지고기를 냄비에 넣고 볶다가 김치를 넣으세요.
   라: 김치와 돼지고기는 적당한 크기로 썰어 놓으세요.

   나 - ( ) - ( ) - ( )

2) 가: 그래요? 선영 씨도 사람들하고 잘 어울리는 사교적인 성격이잖아요?
   나: 네. 외모도 예쁘지만 저는 드라마 속의 성격이 마음에 들어요.
   다: 저도 그 성격을 닮고 싶은데 사람들을 사귀는 일은 정말 힘든 것 같아요.
   라: 요즘 인기 있는 드라마 '크리스마스의 사랑'에 나오는 여자 주인공 정말 예쁘지 않아요?
   마: 맞아요. 누구하고나 친구가 되는 여자 주인공의 사교적인 성격 때문에 그 드라마를 좋아하게 됐어요.
   바: 겉으로는 그런 것 같아도 처음 만난 사람에게 먼저 이야기를 걸지 못하는 편이에요.

   라 - ( ) - ( ) - 다 - ( ) - ( )

10 다음을 읽고 알맞은 말을 쓰세요.

1) 아래의 ㄱ)이 의미하는 것이 무엇인지 아래에 쓰세요.

   제가 한국을 떠나온 지 6개월이 넘었습니다. 그렇지만 아직도 어른 앞에서 담배를 피우는 사람들을 보면 깜짝 놀랍니다. 우리 고향에서는 ㄱ)그런 행동을 하는 사람을 본 적이 없습니다. 이 모습은 시간이 지나도 익숙해지지 않을 것 같습니다.

2) 아래의 밑줄에 알맞은 말을 쓰세요.

> 내 동생은 성격이 아주 _____. 자기가 마음에 드는 물건을 보면 무조건 사 달라고 하고 다른 사람들의 이야기는 듣지도 않습니다. 식구들과 밥을 먹을 때도 동생이 먹고 싶은 음식을 먹어야 합니다. 내 동생이라서 귀엽기는 하지만 뭐든지 자기 마음대로 하려는 동생이 가끔 너무 싫어지기도 합니다.

_____

11 다음을 읽고 질문에 답하세요.

> 올해가 시작될 때 나는 종이에 ㄱ)한 해 동안 이루고 싶은 일들을 써서 봉투에 넣어 놓았다. 그리고 힘든 일이 있거나 내가 게을러지고 있다는 생각이 들 때마다 그것을 꺼내어 읽어 봤다. 그 계획을 읽으면 그것을 결심한 때의 내 모습이 떠올라서 포기하고 싶은 마음이 없어지고 그 약속을 꼭 지켜야겠다는 마음을 다시 가지게 됐다. 그 결과 올해 나는 오랫동안 준비한 시험에 합격할 수 있었다. 좋은 계획을 세우고 중간에 한 번씩 그 내용을 다시 확인하면 그 계획을 더 잘 지킬 수 있다는 것을 느낀 한 해였다.

1) 위 글에서 ㄱ)과 같은 의미를 가진 단어를 골라서 쓰세요.

_____

2) 이 글의 제목은 무엇입니까?

❶ 약속을 잘 메모하는 방법

❷ 결심한 일을 잘 지키는 방법

❸ 새해 결심을 잊지 않는 방법

❹ 시험에 합격할 수 있는 방법

12 다음을 읽고 질문에 답하세요.

> 음식을 먹을 때 손가락과 도구를 사용한다. 그때 사용하는 도구로는 숟가락과 젓가락, 포크와 나이프가 있다. 이렇게 먹는 방법이 다양한 만큼 세계에는 다양한 식사 예절이 있다고 한다.
> 숟가락은 국물이 있는 음식을 많이 먹는 동양에서 주로 사용할 것 같지만 서양에서도 수프를 먹을 때나 음식을 덜어 먹을 때 많이 사용한다. 동양에서도 숟가락 사용법은 나라마다 다르다. 우선 중국에서는 숟가락의 더러운 부분을 볼 수 없게 하기 위해서 반드시 숟가락을 뒤집어 놓아야 한다. 또한 한국에서는 숟가락을 사용해 국물을 먹지만 일본에서는 그릇을 입에 대고 국물을 먹는 것이 보통이다.
> 한국에서는 젓가락으로 한 번에 한 가지의 반찬만 집는 것이 ㄱ)예의 있는 행동이며, 밥 위에 젓가락을 꽂는 것은 큰 실례이다. 포크와 나이프를 사용할 때는 그것으로 다른 사람을 가리키면 안 되고, 손가락을 사용해 음식을 먹는 나라에서 식사 때 손가락을 입에 넣고 소리를 내는 것은 다른 사람을 불편하게 하는 행동이다.

1) 이 글의 제목으로 알맞은 것을 고르세요.

   ❶ 세계의 음식　　　　　　　❷ 식사 도구와 식사 예절
   ❸ 동양과 서양의 다른 점　　❹ 한국 음식과 식사 예절

2) ㄱ)과 같은 행동이 <u>아닌</u> 것을 고르세요.

   ❶ 중국에서 숟가락을 뒤집어 놓았다.
   ❷ 일본에서 국을 숟가락으로 먹었다.
   ❸ 젓가락으로 한 가지 반찬을 집었다.
   ❹ 젓가락을 밥 옆에 놓았다.

3) 위 글의 내용과 같은 것을 고르세요.

   ❶ 숟가락은 동양에서만 사용하는 도구이다.
   ❷ 중국에서는 젓가락을 더 많이 사용한다.
   ❸ 동양에서도 숟가락을 사용하는 방법이 다르다.
   ❹ 포크로 다른 사람을 가리키며 이야기해도 된다.

종합 연습 I

제6과 미용실

학습 목표
미용실에서 원하는 머리 모양에 대해서 이야기할 수 있다.

주제	미용실
기능	머리 모양 설명하기
	어울리는 머리 모양 권유하기
연습	말하기 : 머리 모양과 머리 손질에 대해 묻고 답하기
	읽기 : 모발 관리법에 대한 글 읽기
	쓰기 : 친구에게 어울리는 머리 모양을 추천하는 글 쓰기
어휘	머리 모양, 머리 손질법
문법	-게, -아/어/여 보이다, -던데요, ㅎ 불규칙

제6과 미용실

어휘와 표현

1 〈보기〉에서 알맞은 말을 골라 넣으세요.

> 보기
> 묶다　　　　　바르다　　　　　다듬다
> 파마하다　　　염색하다　　　층을 내다

❶ 가: 뭐가 달라진 것 같은데, 머리했어요?
　　나: 네. 머리를 갈색으로 _____.

❷ 가: 유키 씨, 오늘 정말 예쁘네요. 머리를 잘랐어요?
　　나: 아니요. 조금 _____.

❸ 가: 손님, 머리에 핀을 꽂아 드릴까요?
　　나: 아니요. 그냥 하나로 _____.

❹ 가: 호성 씨, 원래 곱슬머리였어요?
　　나: 아니요. 어제 _____.

❺ 가: 영준 씨는 매일 머리 손질을 잘하는 것 같아요.
　　나: 손질을 잘하기는요. 그냥 왁스만 _____.

❻ 가: 머리를 하니까 정말 세련돼 보여요. 머리를 어떻게 자른 거예요?
　　나: 요즘 유행이라고 해서 길이가 다르게 _____.

문법

–게

1 〈보기〉에서 알맞은 말을 골라 이야기한 후에 쓰세요.

> 보기
>
> 짧다   많다   빠르다
> 맛있다   진하다   자연스럽다

① 가: 머리를 얼마나 잘라 드릴까요?

   나: 귀가 보일 정도로 _____ 잘라 주세요.

② 가: 파마해 드릴까요?

   나: 네. 그런데 너무 곱슬거리지 않고 _____ 해 주세요.

③ 가: 무슨 색으로 염색하실 거예요?

   나: 흰머리가 너무 많아요. 까만색으로 _____ 해 주세요.

④ 가: 벌써 10분이나 지났는데 영진이가 안 오네.

   나: 어, 저기 온다. 영진아, _____ 와.

⑤ 가: 주문하신 음식 나왔습니다. _____ 드세요.

   나: 와, 맛있겠다. 잘 먹겠습니다.

⑥ 가: 밥은 이 정도면 될까요?

   나: 아니요. _____ 주세요. 지금 너무 배가 고파요.

제6과 미용실 **85**

–아/어/여 보이다

1 〈보기〉와 같이 이야기한 후에 쓰세요.

> 보기
> 가: 머리 모양이 마음에 드세요?
> 나: 마음에 들기는 하는데 조금 <u>어색해 보여요</u>.

① 가: 금숙 씨, 오늘 고등학생 같아 보여요.
　 나: 정말요? 제가 그렇게 _____? 고마워요.

② 가: 빨간색 바지에 초록색 티셔츠는 너무 안 어울리는 것 같아요.
　 나: 그렇죠? 정말 70년대 유행한 스타일처럼 _____

③ 가: 호기 씨, 어디 아파요? _____
　 나: 네, 좀 피곤해요. 어제 밤새워서 숙제를 했거든요.

④ 가: 오늘 머리를 풀었는데, 어때? 지저분해 보이지 않아?
　 나: 아니. 머리를 묶을 때는 귀여워 보였는데 머리를 푸니까 여왕처럼
　　　_____

⑤ 가: 오랜만에 양복을 입어서 그런지 좀 불편해요.
　 나: 불편해도 자주 입으세요. 양복을 입으니까 모델처럼
　　　_____

⑥ 가: 왜 그렇게 기분이 _____?
　 나: 오늘 엄마한테 용돈을 많이 받았어요.

−던데요

1 〈보기〉와 같이 이야기한 후에 쓰세요.

> 보기
> 가: 지은 씨가 머리를 짧게 잘랐다면서요? 어때요?
> 나: 단발머리를 하니까 정말 **단정해 보이던데요**.

❶ 가: 학교 근처에 머리 잘하는 미용실 있어요?
　나: 네. 지난번에 간 미용실이 머리를 _____

❷ 가: 파마를 해 드릴까요?
　나: 아니요. 지난번에 파마를 해 보니까 오히려 손질하기 _____

❸ 가: 영미 씨는 집에 있어요?
　나: 네. 제가 나올 때 보니까 드라이어로 머리를 _____

❹ 가: 머리를 잘랐네? 요즘 머리를 짧게 자르는 사람들이 많은 것 같아.
　나: 맞아. 잡지에서 보니까 요즘 머리를 짧게 자르는 게 _____

❺ 가: 명동에서 영화배우를 봤다면서요?
　나: 네. 직접 보니까 키도 크고 얼굴도 아주 _____

❻ 가: 아무리 잠을 많이 자도 계속 피곤하네요.
　나: 그래요? 저는 잠을 많이 자면 안 _____

ㅎ 불규칙

1 그림을 보고 알맞은 말을 넣어 이야기한 후에 쓰세요.

①
가: 머리를 이렇게 자르고 싶은데요.
나: 손님은 얼굴이 _____ 잘 어울릴 것 같아요.

②
가: 머리가 정말 예쁘네요. 나도 _____ 파마하고 싶어요.
나: 이렇게요? 한번 해 보세요. 준영 씨는 얼굴이 작아서 저보다 더 잘 어울릴 거예요.

③
가: 눈이 오니까 세상이 _____ 변했네요.
나: 정말 예쁘지 않아요?

④
가: 사과가 정말 _____ 맛있을 것 같아요.
나: 많이 드세요. 빨간 사과가 맛있는 거라고 해요.

⑤
가: 얼굴이 왜 그렇게 까매요?
나: 어제 하루 종일 밖에서 운동을 해서 얼굴이 _____ 탔어요.

⑥
가: 수미 씨 얼굴이 왜 저렇게 하얘요?
나: 천둥 소리에 너무 놀라서 얼굴이 _____

말하기 연습

1 그림을 보고 이야기한 후에 쓰세요.

1) 가: 오늘은 뭐가 달라 보이는데요? 머리했어요?

   나: 아니요. 머리를 묶어서 그럴 거예요.

   가: 머리를 묶으니까 더 _____

   나: 고마워요. 오늘 아침에 머리를 손질할 시간이
   없어서 묶었는데, 깔끔해 보인다고 하니 다행이네요.

2) 가: 어디 가?

   나: 미용실에 가. 머리가 너무 지저분해서 좀 다듬으려고.

   가: 그러지 말고 파마를 하면 어때?
   파마를 하면 더 _____

   나: 난 귀여운 것보다는 세련돼 보이고 싶은데.

   가: 그럼 자연스럽게 파마해 달라고 해.
   요즘 자연스러운 파마가 유행이야.

   나: 그래? 그럼 파마할 때 _____ 해야겠다.

3) 가: 어서 오세요. 머리를 어떻게 해 드릴까요?

   나: _____

   가: 무슨 색으로 해 드릴까요?

   나: 지금 머리가 너무 노래서 까만색으로
   하고 싶어요.

   가: 너무 _____
   얼굴이 조금 어두워 보일 수 있는데, 괜찮으시겠어요?

읽기 연습

1 다음을 잘 읽고 질문에 답하세요.

> 봄에는 밖에서 하는 활동이 많아집니다. 이때 피부에는 햇빛을 막아 주는 화장품을 사용하지만 머리에는 관심을 가지지 않습니다. 봄의 뜨거운 햇빛은 머리카락을 상하게 합니다.
> 봄철 모발 관리에서 가장 중요한 점은 물에 젖었을 때 바로 드라이를 하지 않는 것입니다. 그리고 무스나 왁스 때문에 상한 모발에는 영양이 많은 샴푸와 린스, 영양제를 사용하면 좋습니다. 염색은 파마를 한 후 열흘 후쯤 해야 모발 손상을 줄일 수 있습니다.
> 빗질과 머리를 감는 것도 중요합니다. 빗질은 머릿결을 따라 자주 해 주는 것이 좋습니다. 머리를 감을 때는 충분히 마사지한 후 씻어 내고, 감는 시간은 5분 정도가 좋습니다.

1) 위 글은 어떤 종류의 글입니까?

   ① 경험한 일을 쓴 글

   ② 물건을 팔기 위해 쓴 글

   ③ 어떤 방법을 설명하는 글

   ④ 친구에게 소식을 전하는 글

2) 다음 중 모발을 잘 관리하는 방법은 무엇입니까?

   ① 무스나 왁스를 바른다.

   ② 파마와 염색을 같이 한다.

   ③ 머릿결을 따라 자주 빗질을 한다.

   ④ 머리를 10분 이상 감는다.

쓰기 연습

1 다음은 아이코 씨의 지금 머리 모양과 친구가 추천하는 머리 모양입니다. 그림을 보고 아이코 씨에게 어울리는 머리 모양을 설명하는 글을 써 보세요.

1) 아이코 씨의 얼굴형과 지금 머리 모양은 어떻습니까?

___

___

___

2) 내가 추천하는 머리 모양과 그 이유를 설명해 보세요.

___

___

___

___

___

3) 위에서 메모한 내용을 바탕으로 여러분이 아이코 씨의 친구가 되어 아이코 씨에게 어울리는 머리 모양을 추천하는 편지를 써 보세요.

안녕, 아이코.

얼마 전에 네가 머리 모양을 바꾸고 싶다고 했잖아. 오늘 잡지를 보니까 너에게 어울릴 것 같은 머리 모양이 있어서 이렇게 편지를 써.

제7과 한국 생활

학습 목표
한국 생활에서 경험하는 다양한 느낌과 그 이유를 말하고 한국 생활의 경험에 대해 이야기할 수 있다.

주제	한국 생활
기능	한국 생활의 느낌 말하기 이유 설명하기 경험 말하기
연습	말하기 : 한국 생활의 다양한 경험에 대해 묻고 답하기 읽기 : 한국 생활에 성공적으로 적응한 외국 학생에 대한 글 읽기 쓰기 : 한국 생활에 어떻게 적응했는지를 설명하는 글 쓰기
어휘	외국 생활, 한국인의 특징
문법	-아/어/여서 그런지, -나 보다, -(으)ㄴ가 보다, -거든요, -(으)ㄹ 겸

제7과 한국 생활

어휘와 표현

1 그림을 보고 알맞은 말을 연결하세요.

①

②

③

④

⑤

⑥

- ⓐ 말이 통하지 않아서 참 답답했어요.
- ⓑ 음식이 입에 맞지 않아서 고향 생각을 많이 했어요.
- ⓒ 어디가 어딘지 잘 몰라서 많이 고생했어요.
- ⓓ 가족과 떨어져 살아서 외로웠어요.
- ⓔ 물가가 너무 비싸서 힘들었어요.
- ⓕ 기후가 너무 달라서 감기에 자주 걸렸어요.

2 〈보기〉에서 알맞은 말을 골라 이야기한 후에 쓰세요.

> 보기
>
> 정이 많다   흥이 많다   부지런하다
> 잘 뭉치다   성격이 급하다   유행에 민감하다

① 가: 한국 사람들은 언제나 아침부터 밤까지 일하나 봐요.
　 나: 모두 _____ 그렇게 열심히 일하는 것 같아요.

② 가: 한국 식당에서는 밥이나 김치가 없을 때 그냥 더 주던데요?
　 나: 네, 맞아요. _____ 그런 것 같아요.

③ 가: 지난번 월드컵 때 많은 한국 사람들이 다 같이 모여 응원하는 것을 보고 정말 놀랐어요.
　 나: 네. 한국 사람들은 다른 나라 사람들보다 _____ 것 같아요.

④ 가: 저 사람은 왜 엘리베이터에서 다른 사람들이 내리기도 전에 타는지 모르겠어요.
　 나: 아마 _____ 그렇게 빨리 타는 것 같아요.

⑤ 가: 한국에서는 사람들이 많이 모이면 언제 어디서나 꼭 노래를 부르는 것 같아요.
　 나: 네. 좀 이해가 잘 안되지요? 한국 사람들은 옛날부터 _____ 그래요.

⑥ 가: 요즘 대학생들은 학교에 올 때도 연예인들처럼 옷을 입고 오는 것 같아요.
　 나: 네. 요즘 학생들은 어려서부터 패션에 관심이 많고 _____ 그럴 거예요.

문법

–아/어/여서 그런지

1 〈보기〉와 같이 이야기한 후에 쓰세요.

> 보기
> 가: 새로 시작한 학교 생활이 어때요?
> 나: 아직 학교 시설을 잘 <u>몰라서 그런지</u> 건물 찾기가 힘들어요.

① 가: 수업 첫날인데 오늘 아침에 왜 이렇게 늦게 왔어요?
　나: 아침부터 눈이 _____ 길이 아주 많이 막혔어요.

② 가: 요즘 왜 그렇게 살이 많이 빠졌어요?
　나: 새로운 전공 수업 때문에 스트레스를 _____ 밥맛이 별로 없어요.

③ 가: 한국에서 생활하면서 뭐가 제일 힘들어요?
　나: 한국 음식이 너무 입에 _____ 고향 음식이 자꾸 생각 나요.

④ 가: 새로 구한 하숙집은 생활하기가 어때요?
　나: 아직 _____ 사람들이랑 집이 낯설어서 좀 힘들어요.

⑤ 가: 지금 밥 먹으러 갈래?
　나: 아니. 오늘은 아침에 밥을 _____ 아직 배가 안 고파.

⑥ 가: 패화 씨, 요즘도 한국 드라마 많이 봐요?
　나: 네. 하도 많이 _____ 한국 배우 이름들을 다 알게 됐어요.

-나 보다, -(으)ㄴ가 보다

1 〈보기〉와 같이 이야기한 후에 쓰세요.

> 보기
> 가: 마유미 씨는 한국 음식을 <u>좋아하나 봐요</u>.
> 나: 네. 제가 매운 음식을 좋아하거든요.

① 가: 저 옷가게는 다른 가게보다 _____. 늘 손님이 많아요.
   나: 네. 우리 학교 학생들에게는 특별히 할인을 해 준다고 해요.

② 가: 스티븐 씨가 요즘 많이 _____. 동아리 모임에 잘 안 오네요.
   나: 네. 요즘 학교 앞에서 아르바이트를 시작해서 정신이 없다고 해요.

③ 가: 아일린 씨, 요즘은 모르는 단어가 별로 _____. 사전을 거의 안 찾네요.
   나: 그럼요. 한국에 온 지 1년도 넘었잖아요.

④ 가: 크리스틴 씨가 시험을 _____. 기분이 너무 안 좋아 보이는데요.
   나: 그러게요. 열심히 공부했는데 많이 속상하겠어요.

⑤ 가: 오늘이 학교 _____. 사람들이 꽃을 많이 들고 있네요.
   나: 네. 한국은 보통 2월에 학교 졸업식이 많아요.

⑥ 가: 이 식당의 특별 음식은 _____. 모두 불고기를 먹고 있네요.
   나: 네. 이 집 불고기가 아주 유명하다고 해요.

–거든요

1 〈보기〉와 같이 이야기한 후에 쓰세요.

> 보기
> 가: 해나 씨는 왜 기숙사가 아니라 하숙집에서 살아요?
> 나: 하숙집에서는 한국 사람들이랑 더 말을 <u>많이 할 수 있거든요</u>.

❶ 가: 밍밍 씨는 주로 점심 식사를 집에 가서 하나 봐요?
　 나: 집에서 먹는 게 더 싸고 음식도 입에 _____

❷ 가: 유이치 씨, 그 꽃은 뭐예요? 누구 줄 거예요?
　 나: 네. 오늘이 수미 씨 _____.
　　　스무 번째 생일이라 특별히 준비했어요.

❸ 가: 요르헤 씨는 학교에 갈 때 꼭 버스를 타네요. 특별한 이유가 있어요?
　 나: 네. 우리 고향에 지하철이 없기 때문에 지하철을 타는 게 아직
　　　_____

❹ 가: 수밧 씨는 지난주에 왜 동아리 모임에 안 왔어요?
　 나: 그날 태국에서 동생이 와서 같이 동대문에서 _____

❺ 가: 린다 씨, 이제 한국어 수업을 듣는 친구들하고 많이 친해졌어요?
　 나: 그럼요. 처음에는 말이 통하지 않아서 _____.
　　　하지만, 이제는 서로 이야기를 할 수 있어서 훨씬 편해졌어요.

❻ 가: 영진 씨, 무슨 안 좋은 일 있어요? 얼굴이 별로 안 좋아 보이네요.
　 나: 네, 어제 오랜만에 여자 친구를 _____.
　　　그런데 사소한 일로 서로 다투고 아직 화해를 못 했어요.

–(으)ㄹ 겸

1 〈보기〉와 같이 이야기한 후에 쓰세요.

> 보기
> 가: 마이클 씨, 자전거를 새로 샀네요?
> 나: 네, 건강을 위해 운동도 **할 겸** 학교에 갈 때 타려고 샀어요.

① 가: 한국에 온 후에 첫 번째 주말인데 뭐 했어요?
　나: 맛있는 음식도 먹고 고향 친구들도 _____ 필리핀 학생
　　　모임에 다녀왔어요.

② 가: 줄리 씨, 미용실에 갔다 왔나 봐요.
　나: 네. 스타일도 바꾸고 기분 전환도 _____ 파마 좀 했어요.

③ 가: 아이코 씨, 어디 다녀오는 길이에요?
　나: 아, 숙제도 내고 잘 모르는 것도 선생님께 _____ 선생님을
　　　뵙고 왔어요.

④ 가: 왕몽 씨, 어떻게 하면 왕몽 씨처럼 한국어를 빨리 배울 수 있어요?
　나: 한국어 연습도 하고 한국 생활에 대해 도움도 _____ 한국
　　　친구들을 많이 사귀었거든요.

⑤ 가: 린다 씨, 여행 가이드 아르바이트는 언제 시작했어요?
　나: 여행도 많이 하고 돈도 _____ 대학교 1학년 때부터 했어요.

⑥ 가: 철수 씨, 운동을 시작했나 봐요. 얼굴이 좋아 보여요.
　나: 네. 건강도 지키고 살도 _____ 달리기 운동을 시작했어요.

제7과 한국 생활

말하기 연습

1 그림을 보고 이야기한 후에 쓰세요.

1) 가: 어머, 마이클 씨! 오랜만이네요.
    그동안 잘 지냈어요?

   나: 네. 은경 씨도 잘 있었어요? 개학하고
    처음 보네요.

   가: 그러게요. 마이클 씨도 벌써 두 번째
    학기네요. 이제는 좀 괜찮아졌어요?

   나: 그럼요. 지난 학기에는 교수님들께서
    하시는 말씀이 너무 빨라서 _____

   가: 알아요. 그때 너무 힘들어 보여서 걱정 많이 했어요.

   나: 그러니까요. 그런데 _____ 교수님 말씀도
    잘 들리고 한국어로 쓰는 것도 훨씬 쉬워졌어요.

   가: 그래요? 정말 다행이네요.

2) 가: 지난 주말에 뭐 했어요?

   나: 시험도 끝나서 _____
    압구정동에 다녀왔어요.

   가: 아, 그랬군요. 구경은 잘 했어요?

   나: 네. 아주 멋있는 사람들이 많던데요.
    그런데 한국 사람들은 참 _____.
    모두들 요즘 유행하는 머리 모양을 하고 옷도
    비슷하게 입었던데요.

   가: 맞아요. 특히 압구정동은 유행하는 패션을 따라 하는 사람들이
    많은 곳이에요.

3) 가: 유키, 무슨 생각을 그렇게 해?

나: 아무래도 나 요즘 _____

가: 왜? 모든 일이 귀찮고 하기 싫어?

나: 응. 한국어 공부도 재미없고 자꾸 고향에 있는 가족 생각도 나고 그래.

가: 흠, 요즘 많이 _____. 너랑 제일 친한 아사코가 일본에 돌아가서 그런 게 아닐까?

나: 그런가 봐. 빨리 새로운 친구를 사귀어야 할 것 같아.

읽기 연습

1 다음은 한국 생활에 성공적으로 적응한 한 외국 학생의 이야기입니다. 잘 읽고 질문에 답하세요.

> 잠비아에서 한국으로 유학 온 칸트 군이 최근 한국대학교에 입학해 사람들의 관심을 끌고 있다. 잠비아에서 고등학교를 졸업하고 한국에 온 지 6개월 만에 한국 학생들도 들어가기 힘든 한국의 최고 대학에 입학했기 때문이다. 처음에는 외국인 학생반에 들어가서 영어로 수업을 들으면서도 수업 후에는 혼자 따로 몇 시간씩 한국어 수업을 받았다고 한다. 또한 한국 학생들과 기숙사 생활도 함께 하고, 마을에 사는 노인들을 위한 목욕 봉사도 열심히 하며 한국어 실력을 늘렸다고 한다.
>
> 사실은 잠비아와 날씨도 아주 다르고 교통 시설도 많이 달라서 칸트 군은 처음 한국에 왔을 때 무척 힘들어했고, 특히 익숙하지 않은 한국 음식 때문에 고생을 많이 했다고 한다. 하지만 이러한 어려움은 한국어 연습도 하고 한국 생활에도 적응할 겸 일주일에 한 번씩 다른 친구들의 집을 방문하면서 조금씩 줄어들었다. 또한 다양한 경험을 통해 한국 음식의 맛을 즐기고 한국 생활에도 익숙해졌다고 한다.

1) 칸트 군이 사람들의 관심을 끌고 있는 이유는 무엇입니까?

2) 칸트 군이 한국어 실력을 늘리기 위해 한 일로 알맞지 않은 것을 고르세요.
   ① 다른 외국인 학생들과 함께 수업 시간에 한국어를 사용했다.
   ② 영어로 수업을 듣고 난 후에 따로 한국어 수업을 더 들었다.
   ③ 한국 학생들과 함께 살며 한국어로 대화했다.
   ④ 노인을 돕는 봉사 활동을 하면서 한국어를 열심히 사용했다.

3) 한국에 처음 온 칸트 군을 힘들게 했던 것이 아닌 것을 고르세요.
   ① 한국 기후   ② 한국 음식
   ③ 한국 교통   ④ 한국 사람

쓰기 연습

1 다음은 밍밍 씨가 처음 한국에 왔을 때와 6개월 후의 모습입니다. 그림을 보고 밍밍 씨가 되어 한국 생활에 어떻게 적응했는지를 설명하는 글을 써 보세요.

1) 〈그림 1〉을 보고 다음 질문에 대한 답을 메모해 보세요.

	하숙집에서 있었던 일	지하철역에서 있었던 일
무슨 일이 있었습니까?	아주머니가 손으로 김치를 집어 줬다.	
밍밍 씨는 어떻게 했습니까?		

제7과 한국 생활 **105**

2) 〈그림 2〉를 보고 다음 질문에 대한 답을 메모해 보세요.

	하숙집에서 있었던 일	지하철역에서 있었던 일
무슨 일이 있었습니까?		

3) 위에서 메모한 내용을 바탕으로 여러분이 밍밍 씨가 되어 한국에 적응하기 전과 적응한 후의 모습이 어떻게 바뀌었는지에 대하여 글을 써 보세요.

한국에 와서 처음으로 하숙집에 간 날이었다. 그날은 처음이라서 그런지 하루 종일 하숙집 아주머니가 여러 가지로 나를 도와주셨다. 막 식사를 시작했는데,

제7과 한국 생활 **107**

제8과 분실물

학습 목표
물건을 잃어버린 경위를 설명하고 잃어버린 물건에 대해 말할 수 있다.

주제	분실과 습득
기능	유실물센터에서 분실물 찾기
	분실한 물건에 대해 설명하기
연습	말하기 : 분실한 물건에 대해 묻고 답하기
	읽기 : 버스에서 분실한 휴대 전화를 신고하는 글 읽기
	쓰기 : 비행기에 두고 내린 배낭을 설명하는 글 쓰기
어휘	분실·습득, 분실 경위, 가방 종류, 무늬, 부속물, 재질
문법	-만 하다, -자마자, -(이)라도

제8과 분실물

어휘와 표현

1 〈보기〉에서 알맞은 그림을 골라 빈칸에 쓰세요.

❶  "제가 잃어버린 가방은 파란색 가방이고 천으로 만들어진 건데요. 손잡이 부분만 가죽으로 되어 있어요." ___d___

❷  "제가 택시에 놓고 내린 가방은 파란색 가방인데요. 손으로 끄는 가방이고 노란색 꽃무늬가 있어요."
_____

❸  "제가 잃어버린 가방은 검정색입니다. 허리에 찰 수 있는 아주 작은 가방이고 천으로 만든 곰 인형 장식이 달려 있습니다." _____

❹  "제가 화장실에 두고 나온 가방은 검정색입니다. 손으로 들 수도 있고 어깨에 멜 수도 있어요."
_____

❺  "제가 잃어버린 가방은 아주 큰 체크무늬 여행용 가방입니다. 손으로 끌거나 들 수 있는 가방입니다."
_____

2 〈보기〉에서 알맞은 말을 골라 넣으세요.

> 보기
>
> 두다   줍다   빠지다   잃어버리다

① 가: 무슨 일로 오셨습니까?

　나: 버스에서 다른 사람의 지갑을 _____

　　　신고하러 왔습니다.

② 가: 저, 지하철에 가방을 두고 내렸는데요. 어떻게 하죠?

　나: 손님들이 _____ 물건을 보관하는

　　　사무실이 저쪽에 있어요. 거기로 가 보세요.

③ 가: 어, 열쇠가 없네? 분명히 주머니에 넣어 두었는데.

　나: 이런, 아까 뛰어올 때 주머니에서 _____

④ 가: 민수 씨, 혹시 내 전화기 못 봤어요?

　나: 글쎄요. 아까 물건 살 때 계산하다가 편의점에 _____

　　　온 거 아니에요?

제8과 분실물 **111**

문법

 –만 하다

1 그림을 보고 〈보기〉와 같이 이야기한 후에 쓰세요.

> 보기
>
> 가: 잃어버린 가방은 크기가 얼마나 돼요?
> 나: 학생들이 쓰는 <u>**공책만 해요**</u>.

❶
가: 그 책은 얼마만 해요?
나: _____

❷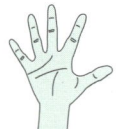
가: 버스에서 분실한 지갑은 크기가 얼마나 돼요?
나: 아이들 _____

❸
가: 택시에 놓고 내린 가방은 얼마만 해요?
나: 여행할 때 메는 _____

❹
가: 영미 씨, 남자 친구는 키가 커요?
나: 제 남자 친구요? 그냥 _____

❺
가: 민수 씨, 새로 이사 간 방이 커요?
나: 네, 아주 커요. 전에 살던 방에 비하면
_____

–자마자

1 〈보기〉와 같이 이야기한 후에 쓰세요.

> 보기
> 가: 휴대 전화를 아직 못 찾았어요?
> 나: 아니요, 찾았어요. 아까 잃어버린 것을 **알자마자** 전화했거든요.

① 가: 신용 카드를 잃어버렸다면서요?
   나: 네. 그래도 신용 카드를 _____ 신고했기 때문에 큰 문제는 없었어요.

② 가: 마이클 씨, 집에 잘 갔어요? 잃어버린 수첩은 찾았어요?
   나: 아니요. 집에 _____ 다 찾아봤는데 없어요.

③ 가: 엄마, 집에 제 지갑 없었어요?
   나: 응, 없었어. 아까 네 전화 _____ 여기저기 다 찾아 봤는데 못 찾았어.

④ 가: 오늘 학생증 안 가지고 왔어요?
   나: 네, 아침에 늦잠을 자서 _____ 나왔거든요. 책상 위에 두고 왔나 봐요.

⑤ 가: 어떻게 가방을 지하철에 두고 내렸어?
   나: 그러게. 지하철에서 _____ 알긴 했는데 이미 문이 닫혀서 어떻게 할 수가 없었어.

⑥ 가: 교실에 학생들이 하나도 없네요?
   나: 네. 오늘 도우미들과 약속이 있어서 수업이 _____ 다 나갔어요.

–(이)라도

1 그림을 보고 〈보기〉와 같이 이야기한 후에 쓰세요.

보기
가: 어제 잃어버린 지갑은 어떻게 됐어요?
나: 아직 못 찾았어요. 지갑 속에 들어 있는 <u>학생증이라도</u> 꼭 찾았으면 좋겠어요.

❶
가: 택시 안에 가방을 두고 내렸다면서요?
나: 네. 정말 바보인가 봐요. 신용 카드도 있어서 가방 안에 있는 _____ 찾았으면 좋겠어요.

❷
가: 정말 배낭을 지하철 안에 놓고 내렸어요?
나: 네. 며칠 후에 일본에 가야 하는데 배낭 안에 있는 _____ 꼭 찾았으면 좋겠어요.

❸
가: 아까 화장실에서 손을 씻다가 휴대 전화를 놓고 왔어요.
나: 그래요? 혹시 모르니까 빨리 화장실에 다시 가서 _____ 하세요.

❹
가: 저는 김치를 못 먹겠어요. 너무 매울 것 같아요.
나: 좀 맵지만 그래도 얼마나 맛있는데. 한번 _____ 해.

말하기 연습

1 다음을 이야기한 후에 쓰세요.

1) 가: 어, 이상하다.

   나: 왜? 뭐 잃어버렸어?

   가: 응. 집에서 나올 때 분명히 지갑을 가지고 나왔는데 어디에
   _____

   나: 설마 지갑을 길에 흘렸겠어? 집에 두고 나왔겠지. 돈이 많이

   　　들어 있어?

   가: 그렇지는 않은데, 그 지갑이 엄마가 지난주에 사 준 거라서
   _____ 이렇게

   　　빨리 잃어버리면 엄마한테 혼날 텐데.

   나: 집에 있을 거야. 빨리 집에 전화해 봐.

2) 가: 아저씨, 죄송한데요.

   나: 무슨 일이십니까?

   가: 오늘 수업 시간에 강의실에 가방을 두고 나왔거든요. 여기에 오면

   　　잃어버린 물건들을 찾을 수 있다고 해서요.

   나: 맞습니다. 두고 나온 가방은 _____?

   가: 학생들이 많이 가지고 다니는 노트북 컴퓨터만 해요.

   　　가방 손잡이에 곰 인형이 _____

   나: 그래요? 그런 가방은 없는데, 내일 다시 한번 오시겠습니까?

3) 가: 사오리 씨는 혹시 한국에 와서 물건을 잃어버린 적이 있어요?

　　나: 네. 한국에 처음 왔을 때 공항버스에 여권을 _____

　　가: 그래요? 그래서 어떻게 했어요?

　　나: 그 여권 안에 마침 제 한국 친구 명함이 있어서 버스 기사 아저씨가 제 친구에게 전화를 해 줬어요. 그래서 찾았어요.

　　가: 다행이네요. 한국에 _____ 여권을 잃어버렸다면 기분이 안 좋았을 텐데. 버스 기사 아저씨가 참 착한 분이시네요.

읽기 연습

1 다음은 물건을 잃어버린 단봉 씨가 쓴 분실물 신고서입니다. 잘 읽고 질문에 답하세요.

◎ 분실물 신고서

유형	휴대 전화
신고자	단봉
신고일	11월 18일 오후 12:23:29
E-MAIL	danbong@naver.net
내용	제가 어제 720번 버스에 흰색 휴대 전화를 두고 내렸습니다. 제품명은 SH150A이고, 전화 배경 화면엔 남자 친구 사진이 있고 배터리를 빼는 부분에는 강아지 스티커가 붙어 있어요. 이 휴대 전화를 보신 분은 010-1234-0000으로 연락해 주십시오. 저에게 너무도 소중한 전화입니다. 꼭 연락 주세요.

---

1) 위 글에 나타나 있지 <u>않은</u> 것은 무엇입니까?

　❶ 분실물을 잃어버린 장소　　❷ 분실물을 신고한 시간

　❸ 분실물 신고자의 연락처　　❹ 분실된 휴대 전화의 전화번호

2) 다음 습득물 공지 내용 중 단봉 씨의 휴대 전화는 어느 것일까요?

습득물 사진	습득일	습득 장소
❶	11월 16일	2번 마을버스
❷	11월 17일	720번 버스
❸	11월 16일	2호선 지하철
❹	11월 17일	72번 버스

쓰기 연습

1 다음은 티나 씨가 한국에 오는 비행기 안에 물건을 두고 내린 상황에 대한 그림입니다. 그림을 보고 티나 씨가 되어 공항 직원에게 잃어버린 물건을 설명하는 이메일을 써 보세요.

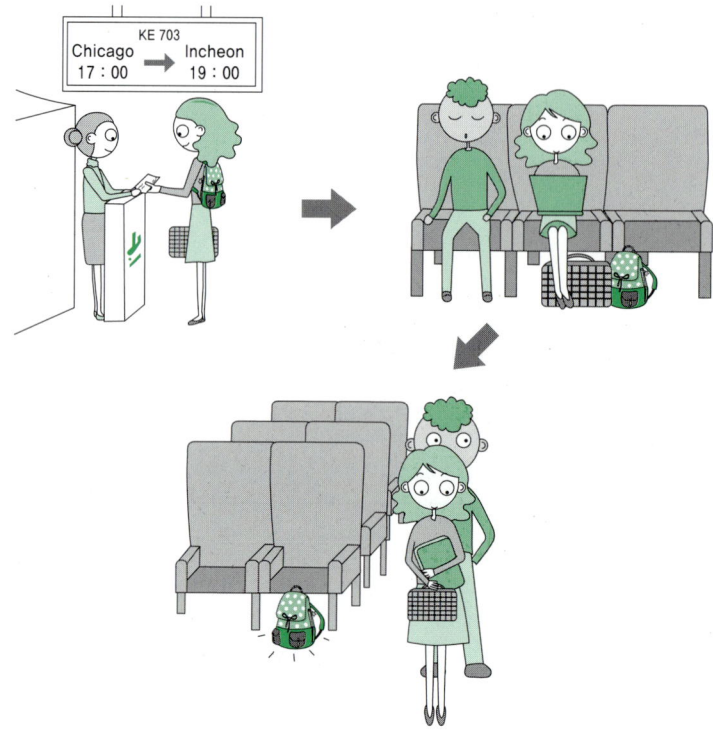

1) 티나 씨는 무엇을 잃어버렸습니까?

2) 언제 잃어버렸습니까?

3) 어디에서 잃어버렸습니까?

4) 잃어버린 물건은 어떻게 생겼습니까?

5) 위에서 메모한 내용을 바탕으로 여러분이 티나 씨가 되어 이메일을 써 보세요.

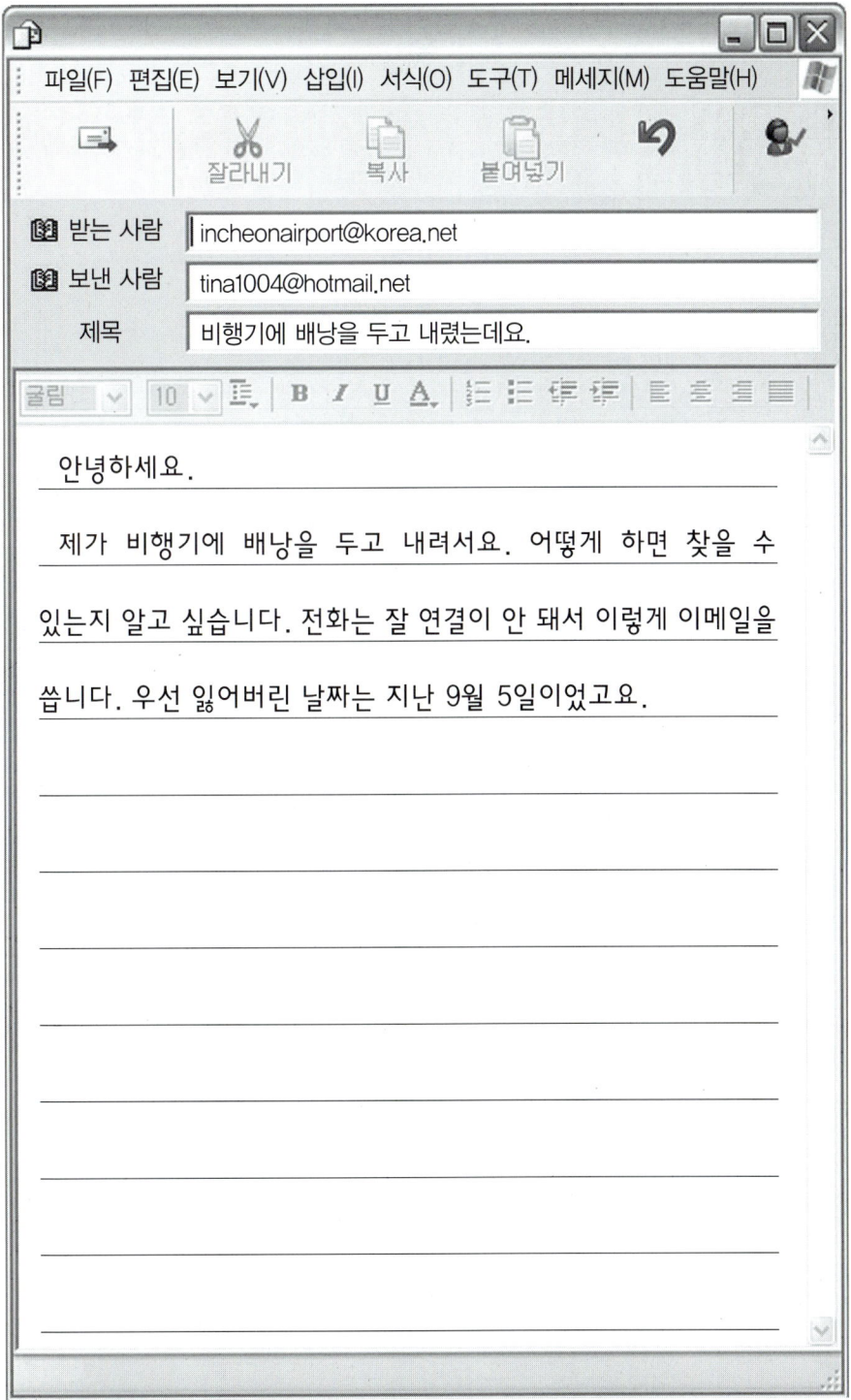

제9과 연애 · 결혼

학습 목표
연애와 결혼에 대해 자신의 경험이나 의견을 이야기할 수 있다.

주제	연애와 결혼
기능	연애와 결혼의 조건 이야기하기
	연애 경험에 대해 이야기하기
연습	말하기 : 연애와 결혼에 대해 묻고 답하기
	읽기 : 사랑의 감정에 대한 글 읽기
	쓰기 : 어울리는 사람을 소개하는 편지 쓰기
어휘	연애, 결혼
문법	만에, -(으)ㄹ수록, -던

제9과 연애 · 결혼

어휘와 표현

1 그림을 보고 알맞은 말을 연결하세요.

① · · ⓐ 청혼
② · · ⓑ 약혼
③ · · ⓒ 결혼
④ · · ⓓ 남편
⑤ · · ⓔ 배우자
⑥ · · ⓕ 아내

2 〈보기〉에서 알맞은 말을 골라 넣으세요.

> 보기
>
> 헤어지다   따라다니다   짝사랑하다
> 사랑에 빠지다   사랑을 고백하다   바람을 피우다

① 가: 지금도 민경 씨를 _____? 힘들지 않아요?

　　나: 괜찮아요. 혼자서만 좋아하는 것도 사랑이니까요.

② 가: 조금 전에 만난 사람이 정원 씨 여자 친구예요? 어떻게 사귀게 되었어요?

　　나: 제가 첫눈에 반해서 계속 _____

③ 가: 어제 드디어 철민 씨에게 _____

　　나: 그래요? 철민 씨도 이제 미영 씨가 자기를 좋아하는 걸 알겠네요.

④ 가: 인사하세요. 제 여자 친구 유미예요. 유미 씨 너무 예쁘지 않아요?

　　나: 네, 예쁘네요. 드디어 준기 씨가 _____

⑤ 가: 영진 씨가 수미 씨 몰래 _____

　　나: 진짜요? 여자 친구가 있는데 어떻게 다른 여자를 만날 수가 있어요?

⑥ 가: 우리 두 사람은 이번에 진짜 _____. 다시는 안 만날 거예요.

　　나: 거짓말하지 마세요. 이게 벌써 몇 번째예요? 내일이면 다시 죽고 못 산다고 할 거잖아요.

문법

만에

1 〈보기〉와 같이 이야기한 후에 쓰세요.

> 보기
> 열흘 ➡ 가: 얼마 만에 그 사람을 다시 만난 거예요?
> 나: 별로 안 됐어요. **열흘 만에** 다시 만났어요.

① 1분 ➡ 가: 만난 지 얼마 만에 여자 친구와 사랑에 빠졌어요?
　　　　나: 놀라지 마세요. 소개팅으로 만난 지 _____ 사랑에 빠졌어요.

② 보름 ➡ 가: 헨리 씨가 소피아 씨랑 결혼할 거라고 해요.
　　　　나: 말도 안 돼요. 사귄 지 _____ 무슨 결혼을 해요?

③ 한 달 ➡ 가: 철수 씨랑 영희 씨랑 다시 만난다면서요?
　　　　나: 네. 헤어진 지 _____ 다시 만난다고 해요.

④ 6개월 ➡ 가: 준희 씨는 사귄 지 얼마 만에 남자 친구 부모님을 뵈었어요?
　　　　나: 사귄 지 _____ 남자 친구 집에 초대를 받아서 갔어요.

⑤ 1년 ➡ 가: 그 부부가 이혼했다면서요? 결혼한 지 얼마나 됐어요?
　　　　나: 결혼한 지 _____ 이혼을 했다고 해요.

⑥ 5년 ➡ 가: 영미 씨는 나이에 비해 아이가 어리네요.
　　　　나: 네. 결혼한 지 _____ 아이를 낳았거든요.

–(으)ㄹ수록

1 〈보기〉와 같이 이야기한 후에 쓰세요.

> 보기
> 가: 아직도 정원 씨가 그렇게 마음에 들어요?
> 나: 그럼요. (만나면) <u>만날수록</u> 더 마음에 들어요.

① 가: 뭐 해요? 또 지은 씨 사진 보고 있어요?
　나: 네. 정말 _____ 더 이뻐요.

② 가: 두 사람이 결혼한 지 10년쯤 됐죠? 결혼 생활이 여전히 재미있어요?
　나: 재미요? 그것보다 같이 _____ 정이
　　드는 게 부부인 것 같아요.

③ 가: 아프고 나니까 가족이 정말 소중하다는 걸 알겠지요?
　나: 네. 시간이 _____ 정말 가족의
　　소중함을 느끼게 돼요.

④ 가: 희수 씨가 선물한 책인데 _____
　　감동을 주는 것 같아요.
　나: 그래요? 다 읽었으면 저도 좀 빌려 주세요.

⑤ 가: 돈은 _____ 좋은 걸까요?
　나: 꼭 그런 건 아니죠. 돈이 많다고 다 행복한 건 아니잖아요.

⑥ 가: 친한 친구끼리도 예의를 지켜야 된다고 생각해요.
　나: 맞아요. _____ 서로 조심해야지요.

–던

1 〈보기〉와 같이 이야기한 후에 쓰세요.

> 보기
> 가: 남자 친구랑 헤어졌다면서요?
> 나: 네. 오랫동안 <u>사귀던</u> 사람이라서 헤어질 때 정말 힘들었어요.

❶ 가: 지금 사귀는 사람이 누구예요?
   나: 옛날부터 알고 _____ 친구예요.

❷ 가: 어제 지나가다 보니까 어떤 여자랑 커피숍에 있던데 누구예요?
   나: 제가 오랫동안 혼자 _____ 학교 친구예요.

❸ 가: 수철 씨랑 수철 씨 아내 될 사람이 캠퍼스 커플이라면서?
   나: 아니. 캠퍼스 커플이 아니라 같은 회사에 _____ 사내 커플이래.

❹ 가: 요즘은 자꾸 예전에 _____ 음식이 생각나요.
   나: 그래요? 고향에 가고 싶은가 봐요.

❺ 가: 민철이 아니니? 나 기억해?
   나: 아, 너. 우리 옆집에 _____ 수진이 아냐? 물론 기억하지.

❻ 가: 한국말을 _____ 수지 씨가 정말 실력이 많이 늘었네요.
   나: 당연하지요. 수지 씨도 이젠 3급이거든요.

126

말하기 연습

1 그림을 보고 이야기한 후에 쓰세요.

1) 가: 결혼 준비 잘 하고 있어요? 만난 지 _____ 결혼하는 거예요?

나: 8년 만이에요. 대학교에서 만난 _____ 이거든요.

가: 그래요? 오래 사귀어서 서로 마음이 _____

나: 물론이죠. 그리고 우리 둘은 취향도 비슷하고 이야기도 아주 잘 통해요.

2) 가: 며칠 전에 _____ 남자 어땠어요?

나: 드디어 제가 결혼하고 싶은 사람을 만났어요.

가: 와, 잘됐네요. 어디가 _____?

나: 가정 환경이 좋아서 그런지 성격이 참 좋던데요. 능력도 있어 보였고요.

가: 잘생겨서 마음에 든 건 아니고요?

나: 물론 외모도 나쁘지는 않았지요.

3) 가: 반지 예쁘다. 어제까지도 _____ 반지인데 혹시
　　　승현 씨가 청혼했어?

　나: 응. 어제 승현 씨한테 청혼을 받았어.

　가: 축하해. 그런데 너는 연애만 하고 결혼은 안 한다면서?

　나: 그랬지. 옛날에는 내가 _____였는데
　　　승현 씨를 사귀면 사귈수록 결혼을
　　　하고 싶어졌어.

　가: 그래서 결혼하기로 했어?

　나: 응. 승현 씨처럼 나를 잘 이해해 주는 사람을
　　　만나기는 어려울 것 같아.

읽기 연습

1 다음은 사랑의 감정에 관한 글입니다. 잘 읽고 질문에 답하세요.

> 사람들은 처음 사랑에 빠졌을 때의 느낌을 잊지 못한다. 사랑하는 사람을 생각만 해도 떨리고, 잠시라도 떨어져 있으면 보고 싶고, 그 사람 없이는 살 수 없을 것만 같은 느낌 말이다. 하지만 시간이 흐르면서 이런 사랑의 느낌들은 점점 사라져 간다. 떨리는 마음 대신 편안함이 느껴질 때쯤 사랑을 하는 사람들은 불안해지기 시작한다. 그리고 계속 상대방에게 사랑을 확인한다.
>
> 그렇다면 가슴 뛰는 사랑의 감정은 왜 사라지는 것일까? 사랑은 과정이기 때문이다. 사랑은 '사랑에 빠지는' 단계에서 출발해 '사랑을 하는' 단계를 지나 '사랑에 머무는' 단계로 가는 여행과 같다. 따라서 사랑의 뜨거운 감정이 식었다고 해서 사랑이 끝난 것은 아니다. 상대방의 사랑에 대해서 불안해하는 시기가 지나면 서로의 사랑을 믿고 편안해지는 때가 온다. 바로 이때가 가장 의미 있는 사랑의 단계일 것이다.

1) 다음 중 '사랑에 머무는' 단계의 특징으로 알맞은 것은 무엇입니까?

   ① 생각만 해도 떨린다.

   ② 못 보면 너무 보고 싶다.

   ③ 나를 사랑하냐고 묻고 싶다.

   ④ 같이 있으면 편안함을 느낀다.

2) 읽은 내용과 같으면 ○, 다르면 ✕에 표시하세요.

   (1) 의미 있는 사랑은 변하지 않는다. ○ ✕

   (2) 사랑에 빠졌을 때의 행복한 느낌은 오래 기억된다. ○ ✕

   (3) 사랑이 식었을 때 서로에게 사랑을 확인하고 싶어한다. ○ ✕

쓰기 연습

1. 다음을 보고 수진 씨가 되어 안나 씨에게 소개팅을 해 줄 사람을 소개하는 편지를 써 보세요.

	외모	성격	직업	기타
최지철	키가 크고 잘생김.	• 적극적이고 활발함. • 고집이 세고 이기적임.	화가	• 경제력을 중요하다고 생각하지 않음.
김민준	보통 키와 외모	• 착하고 자상함. • 내성적임.	공무원	• 가정 환경이 좋음. • 능력을 키우기 위해서 노력함.

1) 위의 메모를 보고 친구를 소개하는 글을 써 보세요.

(1) 최지철: 키가 크고 잘생겼지만 화가라서 그런지 고집이 세고 이기적인 편이다. _____

(2) 김민준: _____

2) 위의 내용을 바탕으로 여러분이 수진 씨가 되어 안나 씨에게 소개팅을 해 줄 사람을 소개하는 편지를 써 보세요.

안나야, 안녕. 나 수진이야. 지난번에 내가 너에게 내 대학교 동창들을 소개해 준다고 했잖아. 내가 너에게 어울릴 만한 친구들이 몇 명 생각이 나서 연락해 봤는데 그 친구들도 아직 여자 친구가 없다고 했어.

제10과 선물

학습 목표
나라마다 다른 선물 문화에 대해 이야기할 수 있다.

주제	선물
기능	선물 문화 설명하기 선물 문화 비교하기
연습	말하기 : 특별한 날의 선물과 그 의미에 대해 말하기 읽기 : 선물에 대한 글을 읽고 내용 파악하기 쓰기 : 선물 받은 경험에 대한 글 쓰기
어휘	특별한 날
문법	-(으)려다가, -지 알다/모르다, -도록 하다

제10과 선물

어휘와 표현

1 〈보기〉에서 알맞은 말을 골라 넣으세요.

> 보기
> 돌   집들이
> 성년의 날   결혼기념일   스승의 날

① 가: 친구 아기의 _____이라는데 뭘 선물하는 게 좋을까요?
   나: 한국에서는 아기의 첫 번째 생일날에 보통 금반지나 옷 같은 걸 선물해요.

② 가: _____에 여자 친구에게 장미꽃을 선물하려고 하는데요.
   나: 만 20세가 되는 날이니까 향수 같은 걸 같이 선물하면 더 좋을 것 같아요.

③ 가: 민희 씨, 백화점에는 웬일이에요?
   나: 모레가 부모님의 스무 번째 _____이라서 선물을 좀 사려고요.

④ 가: _____이라서 선생님께 감사의 마음을 전하고 싶은데 어떤 선물이 좋아요?
   나: 카네이션을 선물하면 좋아하실 거예요.

⑤ 가: 친구가 이사를 갔다고 초대를 했는데 뭘 사 가면 좋을지 모르겠어요.
   나: _____에 갈 때는 일이 잘 풀리라고 휴지 같은 걸 선물해 주면 좋아요.

문법

–(으)려다가

1 〈보기〉와 같이 이야기한 후에 쓰세요.

> 보기
> 가: 결혼기념일에 여행을 갔다 왔어요?
> 나: 아니요, 너무 바빠서 <u>가려다가</u> 말았어요.

❶ 가: 수미 씨 생일 선물 샀어요?
　나: 아직 고민 중이에요. 수미 씨가 뭘 좋아하는지 몰라서 어제도
　　　 _____ 못 샀어요.

❷ 가: 집들이 음식은 모두 선희 씨가 만든 거예요?
　나: 아니요. 제가 _____ 너무 바빠서 그냥 주문했어요.

❸ 가: 철민 씨, 이 책 읽어 봤어요?
　나: 아니요. _____ 시간이 없어서 아직 못 읽었어요.

❹ 가: 어제 친구들하고 재미있게 놀았어요?
　나: 아니요. 어제 친구들을 _____ 회사 일이 많아서 못 갔어요.

❺ 가: 영민 씨한테 끝까지 비밀로 _____ 그냥 이야기했어요.
　나: 잘했어요. 이미 이야기한 거니까 이제 그만 고민하세요.

❻ 가: 여기 올 때 버스 타고 왔어요?
　나: 아니요. 버스를 _____ 늦을 것 같아서 택시를 타고 왔어요.

–지 알다/모르다

1 〈보기〉와 같이 이야기한 후에 쓰세요.

> 보기
> 가: 내일이 어린이날인데 아이들은 뭘 좋아하지요?
> 나: 글쎄요. 저도 아이들이 없어서 뭘 <u>좋아하는지 모르겠어요</u>.

❶ 가: 밍밍 씨가 유행에 민감해서 내가 어떤 선물을 _____
　　나: 지난번에 보니까 귀걸이를 받고 싶어하는 것 같던데요.

❷ 가: 처음 만들어 본 요리인데 _____.
　　　한번 드셔 보세요.
　　나: 맛있네요. 그런데 이 요리 이름이 뭐예요?

❸ 가: 수철 씨, 이 책 좀 빌려 가도 돼요?
　　나: 이거 은애 씨한테 빌려 준 건데 다 _____

❹ 가: 안나 씨 생일날 음식을 만들어 주려고 하는데 어떤 음식을
　　　_____
　　나: 지난번에 안나 씨랑 식당에 갔는데 불고기를 정말 잘 먹던데요.

❺ 가: 그 사람 직업이 _____?
　　나: 네. 국제대학교에서 한국어를 가르치잖아요.

❻ 가: 나츠키 씨가 요즘 왜 그렇게 _____?
　　나: 네. 다음 주에 한국어능력시험이 있어서 시험 준비 때문에 바쁘다고 했어요.

−도록 하다

1 〈보기〉와 같이 이야기한 후 쓰세요.

> 보기
> 가: 돌 선물로 뭘 사면 좋을까요?
> 나: 금반지나 아기 옷 같은 걸 <u>사도록 하세요</u>.

❶ 가: 이 게임기를 선물로 받았는데 어떻게 사용하는지 모르겠어요.
　　나: 게임기 상자 안에 있는 설명서를 한번 _____

❷ 가: 티모 씨, 내일 집들이에 몇 시까지 올 수 있어요?
　　나: 수업이 5시에 끝나니까 6시까지는 _____

❸ 가: 마이클 씨한테 이것 좀 전해 주세요.
　　나: 알겠습니다. 제가 마이클 씨한테 잘 _____

❹ 가: 어떤 옷을 입는 게 좋을까요?
　　나: 오늘은 특별한 날이니까 정장을 _____

❺ 가: 오늘은 너무 늦었어요. 내일 다시 _____
　　나: 네. 그럼 몇 시에 다시 올까요?

❻ 가: 사장님, 내일 가게 문을 몇 시에 열어야 돼요?
　　나: 모레가 명절이라서 선물을 사러 오는 사람이 많을 테니까 오전 9시
　　　　전에 _____

말하기 연습

1 그림을 보고 이야기한 후에 쓰세요.

1) 가: 내일이 한국의 대학교 입학 시험날이라면서요? 제 친구 동생이 시험을 봐서 선물을 주고 싶은데 한국에서는 _____?

   나: 시험에 _____ 의미로 보통 엿이나 찹쌀떡 같은 걸 선물해요.

   가: 엿이나 찹쌀떡이 잘 붙기 때문에 그런 거예요?

   나: 네. 그래서 옛날에는 시험 보는 날 가고 싶은 대학교 문에 엿을 붙여 놓기도 했어요.

2) 가: 어, 배네. 이거 밍밍 씨에게 선물할 거야?

   나: 응. 초대해 줬는데 그냥 갈 수 없어서. 꽃을 _____ 꽃보다는 과일이 더 좋을 것 같아서 샀어.

   가: 이런, 중국 사람들은 배를 선물로 받으면 안 좋아할 텐데. 중국어 발음으로 '헤어지다' 라는 말과 비슷하거든.

   나: 아, 그렇구나. 배에 _____ 몰랐어.

   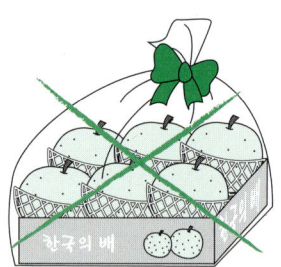

3) 가: 곧 김 부장님 생신이라고 하던데 어떤 선물을 드리면 좋을까요?

　나: 너무 비싼 선물은 부장님께서 좀 _____

　　　것 같아요.

　가: 보통 넥타이도 많이 선물하던데 그건 어떨까요?

　나: 넥타이도 좋기는 하지만 김 부장님 취향을
　　　잘 몰라서 고르기가 힘들 것 같아요.

　가: 그래요? 그러면 어떤 선물이 좋을까요?

　나: 등산을 좋아하시니까 등산에 관련된

　　　물건을 _____

읽기 연습

1 다음은 선물에 대한 글입니다. 잘 읽고 질문에 답하세요.

얼마 전 나를 키워 주신 할머니의 60번째 생신이었다. 한국에서 60번째 생일은 중요한 의미를 갖기 때문에 보통은 큰 선물을 해 드리지만 나는 학생이라서 돈이 많지 않았다. 그래서 비싼 선물 대신 마음이 담긴 선물을 하기로 했다. 하지만 어떤 선물을 해야 할지 몰라서 며칠 동안 고민을 하다가 할머니께 따뜻한 목도리를 선물하기로 했다.

그래서 할머니께서 좋아하시는 빨간 색깔의 털실을 사서 책을 보면서 할머니의 목도리를 만들기 시작했다. 할머니 생신이 얼마 남지 않았기 때문에 주말에는 잠도 안 자고 열심히 목도리를 만들었다. 처음 해 보는 것이라서 쉽지는 않았지만 완성된 목도리를 예쁘게 포장해서 할머니께 드렸다. 할머니께서는 내 선물을 받으시자마자 이 작은 손으로 이렇게 멋있고 따뜻한 목도리를 어떻게 만들었냐고 말씀하시면서 너무 기뻐하셨다. 그리고 친구분들께 목도리를 보여 주시면서 우리 손녀딸이 만들어 준 거라고 자랑을 하셨다. 할머니의 그 모습을 보며 나도 정말 기뻤다.

1) 위 글을 읽고 어떤 느낌이 듭니까?

   ① 환상적이다.   ② 감동적이다.

   ③ 믿을 수 없다.   ④ 실망스럽다.

2) 위 글의 중심 생각은 무엇인지 고르세요.

   ① 비싼 선물을 받으면 누구나 좋아한다.

   ② 선물은 받을 때보다 줄 때 더 의미가 있다.

   ③ 선물이 무엇인지 모르게 하는 것이 더 좋다.

   ④ 마음이 담긴 선물은 받는 사람을 기쁘게 한다.

쓰기 연습

1 다음은 철군 씨가 자기 여자 친구에게 받았던 선물에 대한 메모입니다. 다음을 보고 선물에 대해 서로 생각이 달라 힘들었던 철군 씨의 경험을 소개하는 글을 써 보세요.

〈철군 씨 여자 친구가 선물을 골랐을 때의 생각〉
- 크리스마스니까 선물을 줘야지!
- 내 남자 친구는 야구를 좋아하니까, 내가 좋아하는 팀 야구 모자를 줘야겠다.
- 내 남자 친구는 평소에 초록색 옷을 즐겨 입었어!

〈철군 씨가 선물을 받았을 때의 생각〉
- 중국에서는 초록색 모자를 쓰면 다른 사람이 내 여자 친구가 바람을 피운다고 생각하는데 어쩌지?
- 선물해 준 모자를 안 쓰면 여자 친구가 서운해할 텐데.
- 선물 받은 모자를 쓰고 다닐 수 없는 이유를 이야기해야 될까?

1) 여자 친구가 초록색 야구 모자를 선물로 고른 이유는 무엇입니까?

2) 철군 씨는 초록색 야구 모자를 선물로 받고 어떤 생각을 했습니까?

3) 위의 내용을 바탕으로 여러분이 철군 씨가 되어 여자 친구에게 선물을 받고 느꼈던 감정에 대한 글을 써 보세요.

　　보통 여자 친구에게 선물을 받으면 기분이 좋아진다. 그런데 나는 얼마 전에 선물을 받고 기분이 나빴던 적이 있다. 지난 겨울

종합 연습 II

1 다음 밑줄에 알맞은 말을 고르세요.

1) 가: 빨간 티셔츠에 파란 청바지를 입으니까 조금 촌스러워 보이는 것 같아. 그렇지?
   나: 아니야, 그렇지 않아. 넌 얼굴이 하얘서 뭘 입어도 정말 _____ 보여.
   ① 어려   ② 말라   ③ 꽉 맞아   ④ 세련돼

2) 가: 민수야, 내가 다시 초등학생이 된다면 난 정말 열심히 공부할 것 같아.
   나: 맞아. 10년 전 그때가 그립다. 하지만 _____ 수는 없잖아.
   ① 말이 통할   ② 느낌이 좋을   ③ 시간을 되돌릴   ④ 내 발등을 찍을

3) 가: 더울 땐 이렇게 머리를 하나로 묶는 게 최고야. 시원해 보이지?
   나: 응. 그런데 좀 이상해. _____ 너도 더우니까 어쩔 수 없나 보다.
   ① 얼굴이 탄   ② 생활이 낯선   ③ 유행에 민감한   ④ 성격이 활발한

2 다음 밑줄 친 부분과 의미가 비슷한 것을 고르세요.

1) 나랑 민정이는 취향이 비슷해서 어려서부터 마음이 잘 <u>맞았다</u>.
   ① 들었다   ② 통했다   ③ 변했다   ④ 풀렸다

2) <u>첫 생일</u>에 내가 신었던 신발과 입었던 옷을 어머니께서는 아직까지도 보관하고 계십니다.
   ① 돌   ② 백일   ③ 명절   ④ 어린이날

3) 무역 회사에 다니는 이다해 씨는 까만 안경을 쓰고, 까만색 정장을 입고 다녀서 <u>단정해</u> 보이기는 하지만 조금 차갑게 느껴진다.
   ① 우아해   ② 자상해   ③ 깔끔해   ④ 자연스러워

3 다음에서 알맞은 말을 골라 대화를 완성하세요.

1) 끌리다 – 흘리다 – 비우다

　가: 넌 너무 덤벙대서 혼자서 유학 생활을 잘 할지 모르겠어.

　나: 내가 생각해도 그래. 오늘도 집에서 나올 때는 주머니에 분명히 10,000원짜리가 있었는데 오다가 어디에 _____. 아무리 찾아도 없던데.

2) 정이 많다 – 흥이 많다 – 잘 뭉치다

　가: 우리 어머니는 _____ 그런지 맛있는 음식을 하면 이웃에 혼자 사시는 할머니께 꼭 갖다 드리세요.

　나: 아, 나도 지현 씨네 옆집으로 이사 가야겠어요. 그러면 지현 씨 어머니께서 제게도 맛있는 거 많이 갖다 주시겠지요?

3) 학벌이 좋다 – 능력이 있다 – 경제력이 있다

　가: 배우자를 선택할 때 가장 중요한 게 뭐라고 생각해요?

　나: _____ 된다고 생각해요. 왜냐하면 다른 것도 물론 중요하지만 제 생각에는 돈이 가장 중요한 것 같기 때문이에요.

4 다음 밑줄에 알맞은 말을 고르세요.

1) 가: 마이클 씨, 방학 때 한국 여행은 잘 했어요?

　나: 아니요, 다리를 다쳐서 _____ 그만두었어요.

　① 갔는데　② 가려다가　③ 가기 위해서　④ 간다고 해서

2) 가: 주말에 미팅했다면서요? 미팅에 나온 사람은 아영 씨 마음에 들었어요?

　나: 마음에 들기는요. 자리에 _____ 이상한 것만 물어보고 느낌도 별로였어요.

　① 앉다가　② 앉아도　③ 앉자마자　④ 앉기 때문에

종합 연습 II **143**

3) 가: 이 선생님, _____ 오세요. 지하철이 들어오는 소리가 들려요.

   나: 5분 있으면 열차가 또 올 거잖아요. 그냥 다음 열차를 타고 가요.

   ① 빨리　　　② 빠르게　　　③ 빨라도　　　④ 빠르니까

5 다음 [　　]의 단어를 알맞은 형태로 바꾸어 밑줄에 쓰세요.

1) [이야기가 잘 통하다]

   가: 동창회에 다녀왔다면서요? 친구들은 많이 만났어요?

   나: 네. 그런데 오래간만이라서 그런지 예전에는 그렇게 _____ 친구들의 말을 잘 이해할 수가 없었어요.

2) [차분하게 준비하다]

   가: 이번 회의에는 사장님께서도 참석을 하신다고 합니다. 그러니까 다른 어떤 때보다 더 _____

   나: 알겠습니다. 저희 팀에서 잘 준비하도록 하겠습니다.

3) [낯설다]

   가: 알렉스 씨, 새로 이사 간 동네가 아직도 _____

   나: 네. 정말 어디가 어딘지 잘 모르겠어요. 어제도 반대 방향으로 가는 지하철을 타서 엄청 고생했어요.

6 〈보기〉와 같이 ☐의 표현을 이용해서 문장을 만드세요.

보기
시간이 없다, 택시를 타다, 좋다
시간이 없으니까 택시를 타는 게 좋겠어요.

1) 어제, 선을 보다, 남자의 머리, 농구공
_____

2) 가죽 가방을 사다, 천으로 만들다, 가방을 사다
_____

3) 쇼핑을 하다, 차를 마시다, 명동에 가다
_____

7 대화의 밑줄에 알맞은 표현을 쓰세요.

1) 가: 지난번에 가인 씨를 봤을 때는 밥도 잘 먹고 건강했는데 오늘은 너무
_____

   나: 그렇죠? 저도 그렇게 생각했어요. 얼굴도 노래지고 정말 많이 아파 보였어요.

2) 가: 늦게 일어나서 아침을 못 먹었어. 배고파 죽겠다.

   나: 이거 오다가 산 빵인데 그렇게 배고프면 _____?

3) 가: 배우자를 선택하는 데 가장 중요한 조건이 뭐라고 생각해요?

   나: 제가 아직 학생이라서 그런지 뭐가 제일 _____

   잘 모르겠어요.

8 밑줄에 알맞은 표현을 쓰세요.

1) 가: 정말 반갑다. 이게 얼마 만이야? 학교는 별로 안 변한 것 같네.

   나: 졸업하고 우리 처음 만나는 거니까 5년 _____.
   우리가 산책 다니던 길도 그대로이고 옛날로 돌아온 것 같아.

   가: 응. 그런데 그 사이에 대학생들은 좀 변한 것 같지 않니?

   나: 글쎄. 난 잘 모르겠는데.

   가: 저기 두 사람은 우리가 맞은편에 앉아 있는 걸 알면서도 전혀 신경을 쓰지 않잖아.

   나: 맞아. 요즘 젊은이들은 남의 눈을 _____

2) 가: 내일 부모님 결혼 기념일인데 어떤 _____?

   나: 두 분이 같이 입으실 수 있는 잠옷 같은 건 어떨까?

   가: 좋을 것 같긴 한데 사실 요즘 돈이 별로 없거든.

   나: 그래? 그럼 이런 건 어때? 내 친구가 부모님 생신에 특별한 물건을 _____ 못 사고 그냥 자기가 할 수 있는 일을 종이에 적어서 그걸 선물로 드렸대.

   가: 종이에 뭐라고 _____ 모르겠어.

   나: 어렵지 않아. 예를 들면, '매일 30분씩 아빠와 산책하기' 혹은 '매일 엄마 설거지 도와 드리기' 이렇게 쓰는 거지.

   가: 부모님들이 그 선물을 좋아하실까?

   나: 그럼. 비싼 건 아니지만 정성이 담겨 있는 거잖아. 아주 좋아하실 거야.

9 다음 문장을 순서대로 맞게 배열해 보세요.

1) 가: 그때 하셨던 아빠의 말씀이 내 인생의 가치관이 되었다.
   나: 나에게 가장 기억에 남는 선물은 초등학교 졸업 때 아빠가 만들어 주신 도장이었다.
   다: 그 선물을 주시면서 아빠는 자신의 이름에 책임을 질 수 있는 사람이 되라고 말씀하셨다.
   라: 누구에게나 기억에 남는 선물이 있을 것이다.

   라 – (   ) – (   ) – (   )

2) 가: 한국에서는 모르는 사람이라고 해도 무거운 짐 같은 걸 들어 준다고 하던데요.
   나: 아, 그런 걸 바로 한국의 '정'이라고 하는 것 같아요.
   다: 왜 남의 가방을 가져가려고 한 거예요?
   라: 그래요? 한국은 정말 알면 알수록 재미있네요.
   마: 네. 그런데 버스에서 앉아 있던 아줌마가 내 가방을 가져가려고 해서 깜짝 놀랐어요.
   바: 사야카 씨, 대학로에 잘 갔다 왔어요?

   바 – (   ) – (   ) – (   ) – (   ) – (   )

10 다음을 읽고 알맞은 말을 쓰세요.

1) 아래의 ㄱ)이 의미하는 것이 무엇인지 아래에 쓰세요.

> 난 요즘 한국 생활이 너무 즐겁다. 처음에 한국에 왔을 때는 문화도 다르고 말도 안 통해서 너무 답답했다. 하지만 ㄱ)그런 어려움은 이제 많이 사라졌다. 지금은 친구들도 많이 사귀었고 한국어로 꿈을 꿀 정도로 한국어 실력도 많이 늘어서 요즘은 너무 행복하다.

2) 아래의 밑줄에 알맞은 말을 쓰세요.

> 드라마를 보면 여자들은 기분을 완전히 바꾸고 싶을 때 미용실에 간다. 예를 들어 사랑하는 사람과 헤어졌을 때 머리를 아주 짧게 자르는 장면을 드라마에서 많이 볼 수 있다. 그 이유는 아마도 머리를 짧게 자르면 어느 정도 _____ 할 수 있다고 믿기 때문인 것 같다.

---

11 다음을 읽고 질문에 답하세요.

> ㄱ) _____
>
> 최근 한 조사에 따르면, 사람들이 물건을 가장 많이 잃어버리는 요일은 새로운 한 주를 시작하느라 정신이 없는 월요일과 술 약속이 가장 많은 금요일인 것으로 나타났다. 또한 사람들이 가장 많이 잃어버리는 물건은 휴대 전화로 전체 분실물의 50% 정도인 것으로 조사되었다. 반면 과거에 학생들이 많이 잃어버렸던 '도시락'은 학교 급식이 많아지면서 더 이상 분실물센터에서 찾아볼 수 없는 물건이 되었다. 대중교통을 이용하는 사람들의 생활이 달라지는 만큼 분실물센터에 모이는 물건들의 모습도 사람들의 변화를 그대로 닮아가고 있는 것 같다.

1) ㄱ)에 알맞을 말은 무엇입니까? 고르세요.

 ❶ 사람들은 물건을 잃어버리는 이유는 무엇일까?
 ❷ 대중교통을 많이 이용하는 사람들은 누구일까?
 ❸ 사람들은 왜 잃어버린 물건을 다시 찾지 않을까?
 ❹ 사람들은 언제, 어떤 물건을 가장 많이 잃어버릴까?

2) 이 글의 중심 생각은 무엇입니까? 고르세요.

 ❶ 대중교통을 이용하면 약속 시간에 늦지 않는다.
 ❷ 분실물은 그 시대를 사는 사람들의 모습을 나타낸다.
 ❸ 사람들에게 분실물을 좀 더 적극적으로 알려야 한다.
 ❹ 분실물센터에서 쉽게 잃어버린 물건을 찾을 수 있다.

12 다음을 읽고 질문에 답하세요.

> 최근 한 결혼 정보회사의 설문 조사 결과에 따르면, 연애와 결혼에 대한 신세대들의 시각이 예전과 많이 달라졌다고 한다. 먼저, '연애하고 싶은 사람과 결혼하고 싶은 사람이 같은가?'라는 질문에 대해 70%가 넘는 미혼 남녀가 '그렇지 않다'라는 응답을 했다고 한다. 즉, 예전에는 연애를 하면 꼭 결혼을 해야 한다고 생각했던 것과 달리 지금 신세대들은 연애와 결혼을 완전히 서로 다른 것으로 본다는 의미인 것이다.
> 　이 밖에도 결혼하기 전에 아이를 가지는 것을 정해진 것보다는 빠르다는 의미로 ㄱ) _____ 이라고 하는데 신세대들은 이에 대한 생각도 달랐다. 미혼 남녀 모두 50%에 가까운 사람들이 '결혼한다면 괜찮다'라는 긍정적인 응답을 함으로써 예전에 혼전 임신을 부끄러운 것으로 생각하던 세대와는 아주 큰 차이를 보였다.
> 　이러한 조사 결과를 통해 신세대들이 구세대보다는 자유로운 생각을 가지고 있다는 것을 알 수 있다.

1) 위 글의 제목으로 알맞은 것을 고르세요.

　❶ 연애와 결혼의 상관 관계　　　　❷ 신세대의 변화된 결혼관
　❸ 신세대의 배우자 선택 조건　　　❹ 혼전 임신의 문제와 해결책

2) ㄱ)에 알맞은 말을 쓰세요.

　_____

3) 위 글의 내용과 같은 것을 고르세요.

　❶ 70% 이상의 미혼 남녀들이 연애와 결혼의 상대자는 같아야 한다고 생각한다.
　❷ 요즘 신세대들은 연애와 결혼은 서로 완전히 서로 다른 것으로 생각한다.
　❸ 요즘 미혼 남녀들은 결혼하는 것을 부담스러워한다.
　❹ 조사 대상 여성들은 혼전 임신에 대해 예전과 같은 시각을 보이고 있다.

제11과 사건·사고

학습 목표
사건이나 사고가 일어난 원인과 결과를 이야기할 수 있다.

주제	사건과 사고
기능	사건이나 사고가 일어난 원인 설명하기 사고의 결과 설명하기
연습	말하기 : 사건과 사고의 원인과 결과를 묻고 답하기 읽기 : 사건과 사고에 대한 신문기사 읽기 쓰기 : 사건과 사고의 개요를 보고 설명하는 글 쓰기
어휘	사고, 인명 피해, 재산 피해
문법	–는 바람에, –(으)로 인해서, 피동 표현

제11과 사건·사고

어휘와 표현

1 〈보기〉에서 알맞은 말을 골라 넣으세요.

> 보기
> 숨지다   실종되다
> 부상을 당하다   건물이 타다   재산 피해를 입다

❶ 서울의 한 백화점에서 불이 났습니다. 불은 10분 만에 꺼졌지만, _____ 1,400여만 원의 _____. 영업이 끝난 시간이라서 다행히 인명 피해는 없었습니다.

❷ 어제 오전 트럭과 승용차의 충돌로 사망자가 발생했습니다. _____ 사람은 트럭 운전사 35살 김모 씨 등 3명입니다.

❸ 지난 20일 오후 강원도 속초에서 관광객 이모 씨(49·여)가 물에 빠져 _____. 경찰에 따르면 이모 씨는 수영을 하기 위해 물에 들어갔다가 사고를 당했으며 현재 경찰과 소방관 등 20여 명이 이모 씨를 찾고 있다.

❹ 28일 8시쯤 서울의 한 건물 공사 현장에서 무거운 돌을 옮기던 트럭이 넘어지는 사고가 발생했다. 이 사고로 공사장에서 일을 하고 있던 남자 2명이 _____ 인근 병원으로 옮겨져 치료 중이다.

3) 가: 늦었네요. 오늘도 늦잠 잤어요?

　나: 아니요. 오늘은 집에서 일찍 나왔는데 ＿＿＿＿＿＿＿＿＿＿

　　　늦었어요.

　가: 어디 다친 데는 없어요?

　나: 네, 괜찮아요. 제가 탄 버스가 앞에 오던 차하고

　　　＿＿＿＿＿＿＿＿＿＿ 크게 다친 사람은

　　　없어요.

　가: 정말 다행이네요.

　　　그런데 어쩌다가 사고가 났어요?

　나: 버스 기사의 ＿＿＿＿＿＿＿＿＿＿ 사고가 났어요.

읽기 연습

1 다음은 신문에 실린 사고 기사입니다. 잘 읽고 질문에 답하세요.

㉠ _____

12일 새벽 0시 35분쯤 서울 지하철 2호선 역 승강장에서 모 대학 신입생 한모(19) 양이 선로로 뛰어내려 역으로 진입하던 홍대입구방향 2589호 전동차에 치여 그 자리에서 숨졌다. 역에서 근무하다 사고를 목격한 공익 근무 요원 김모(21) 씨는 "한 여자가 승강장에서 다가와 몇 시냐고 묻더니 승강장을 10m 정도 걸어가다가 역으로 들어오던 전동차에 뛰어들었다"고 말했다. 경찰은 정확한 사고 경위를 조사 중이다.

1) 밑줄 친 ㉠에 들어갈 기사의 제목으로 알맞은 것을 고르세요.

❶ 한양대역에서 열차 사고 발생

❷ 승객이 선로로 뛰어내린 시민 구해

❸ 대학교 신입생 지하철에 치여 숨져

❹ 술에 취한 승객 선로에서 떨어져 숨져

2) 위 글을 읽고 다음 표를 완성해 보세요.

언제	어디에서	누가	무엇을 어떻게 하다

쓰기 연습

1 다음은 어떤 사고에 대한 개요입니다. 개요를 보고 사건을 알리는 글을 써 보세요.

언제	어디에서	누가	왜	무엇을 어떻게 하다
21일 오후 1시쯤	서울에서 광주로 가는 고속도로 위	조모 씨 (71세, 광주시 북구 용봉동)	조모 씨가 술을 마시고 운전함.	앞 차와 충돌. 운전자 사망. 앞 차 운전자 부상.

1) 이 기사에 어울리는 제목은 무엇일까요?

2) 위 표를 보고 이 사건을 알리는 기사를 써 보세요.

_____
_____
_____
_____
_____
_____
_____

제11과 사건·사고

제12과 실수 · 후회

학습 목표
실수와 후회에 관한 표현을 익혀 이야기할 수 있다.

주제	실수와 후회
기능	실수 이야기하기
	후회 이야기하기
연습	말하기 : 실수와 후회에 대해 묻고 답하기
	읽기 : 실수를 한 사람들에게 충고해 주는 글 읽기
	쓰기 : 후회하는 일에 대한 글 쓰기
어휘	주의 · 부주의
문법	–느라고, –(으)ㄹ 뻔하다, –(으)ㄴ 채, –(으)ㄹ걸 그랬다

제12과 실수·후회

어휘와 표현

1 〈보기〉에서 알맞은 말을 골라 넣으세요.

> 보기   정신을 차리다   신경을 쓰다   딴 생각을 하다   한눈팔다

①
가: 어제는 이런저런 생각을 하다가 버스에 가방을 두고 내렸어요.
나: 그러니까 버스를 탈 때 _____

②
가: 며칠 전에 다른 데를 쳐다보다가 친한 친구에게 인사를 못 하고 지나갔어요.
나: 친구가 기분이 나빴겠어요.
   앞으로는 _____

③
가: 어제는 정신이 없어서 학교에 갈 때 색깔이 다른 양말을 신고 갔어요.
나: 아무리 바빠도 _____

④
가: 저는 피곤할 때 지하철을 타면 저도 모르게 옆 사람한테 기대요.
나: 다른 사람이 기분 나쁠 수도 있으니까 그러지 않게 _____

문법

✏️ **-느라고**

 〈보기〉와 같이 이야기한 후 쓰세요.

보기

가: 영진 씨, 왜 20분이나 늦게 왔어요?
나: 미안해요. 너무 재미있는 <u>**만화책을 보느라고**</u> 시간 가는 줄 몰랐어요.

❶
가: 지금 길을 건너면 안 돼요. 빨간불이잖아요.
나: 이런, 우리들이 이야기를 _____ 앞을 못 봤어요.

❷
가: 영호 씨, 어제 우리 집에 와서 한국어 공부 가르쳐준다면서요?
나: 미안해요. 어제 오랜만에 친구들을 만나서 늦게까지 _____ 깜박 잊어버렸어요.

❸
가: 오늘 아침에는 왜 그렇게 전화를 안 받았어요?
나: 부엌에서 _____ 정신이 없었어요.

❹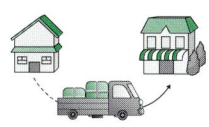
가: 철군 씨가 피곤해 보이네요.
나: 주말에 새로운 하숙집으로 _____ 너무 힘들었나 봐요.

–(으)ㄹ 뻔하다

1 〈보기〉와 같이 이야기한 후 쓰세요.

> **보기**
> 가: 오늘 너무 늦게 일어나서 수업에 <u>늦을 뻔했어</u>.
> 나: 그래도 다행히 시작하기 전에 왔네.

❶ 가: 아까 급히 뛰어오다가 커피를 다 _____
　　나: 이런, 그러니까 좀 더 조심해야지.

❷ 가: 어제는 친구랑 이야기하면서 가다가 계단에서 _____
　　나: 계단에서는 늘 정신을 차려야 해. 큰 사고가 날 수도 있거든.

❸ 가: 오늘 아침에 운전하면서 휴대 전화로 메시지를 보내다가 교통사고가
　　　_____
　　나: 네? 운전을 할 때는 절대로 한눈팔면 안 되지요. 큰일 납니다.

❹ 가: 일본 여행은 재미있었어요?
　　나: 네. 여행은 좋았는데 공항에 갈 때 길이 너무 막혀서 비행기를 못
　　　_____

❺ 가: 밍밍 씨, 일요일에는 뭐 했어요?
　　나: 등산을 갔는데, 처음 가 보는 산이라서 길을 _____

❻ 가: 어제 집들이는 잘 했어요?
　　나: 아니요. 도와주기로 한 친구가 안 와서 혼자 음식을 만드느라고
　　　힘들어서 _____

–(으)ㄴ 채

1 <보기>와 같이 이야기한 후에 쓰세요.

> 보기
>
> 가: 왜 그렇게 놀란 표정이에요?
> 나: 어떡해요. 오늘 아침에 지퍼를 <u>연 채</u> 학교까지 왔어요.

❶
가: 아니, 거실 바닥이 왜 이렇게 더러워졌니?
나: 제가 너무 급해서 신발을 _____ 거실에 들어왔거든요. 죄송해요.

❷
가: 민수 씨, 눈이 왜 그렇게 빨개졌어요?
나: 아까 낮에 너무 졸려서 렌즈를 _____ 잠을 자서 그래요.

❸
가: 동생한테 저녁 먹으라고 이야기해라.
나: 너무 피곤한지 옷을 _____ 자고 있는데 깨울까요?

❹
가: 어디를 그렇게 급하게 가세요?
나: 집에 가요. 아무래도 문을 _____ 집을 나온 것 같아요.

❺
가: 왜 목을 자꾸 움직이세요? 목이 아파요?
나: 네. 아까 수업 시간에 의자에 _____ 졸았더니 목이 좀 아프네요.

–(으)ㄹ걸 그랬다

1 〈보기〉와 같이 이야기한 후 쓰세요.

> 보기
> 가: 지난주에 콘서트에 갔는데 정말 신나고 재미있었어요.
> 나: 그래요? 저도 같이 **갈걸 그랬어요**.

❶ 가: 또 감기에 걸리셨네요.
　나: 네. 요즘 좀 피곤했나 봐요. 어제 늦게까지 일하지 말고 좀 _____

❷ 가: 손가락을 다쳤는데 밴드가 없네요.
　나: 이런, 미리 _____

❸ 가: 오늘 또 늦잠을 자서 수업에 늦었어요.
　나: 그랬군요. 그러면 아침 일찍 제가 전화해서 _____

❹ 가: 기분이 안 좋아 보여요. 무슨 일이 있어요?
　나: 아침에 엄마에게 또 짜증을 냈어요. 조금만 _____

❺ 가: 어제 본 영화가 정말 재미있었어요.
　나: 정말요? 그렇게 재미있을 줄 알았으면 나도 _____

❻ 가: 이번 시험이 무척 어려웠다면서요?
　나: 네. 놀지 말고 열심히 _____

말하기 연습

1 다음을 이야기한 후에 쓰세요.

1) 가: 사오리 씨, 지금 뭐 하세요?

   나: 반 친구들한테 반 모임에 대한 이메일을 보내고 있어요.

   가: 어, 아까 보냈다면서요?

   나: 네. 그런데 좀 급하게 _____ 모임 장소도 안 쓴 채 보냈어요.

   가: 그랬군요. 일을 두 번 하게 되었네요.

   나: 맞아요. 아까 메일을 보낼 때 좀 더 _____

2) 가: 타케 씨, 여자 친구랑 헤어졌다는 소문이 사실이에요?

   나: 잘 모르겠어요. 그전에도 성격 때문에 여러 번 _____. 그런데 이번에는 너무 화가 나서 제가 먼저 헤어지자고 이야기했어요.

   가: 그래도 5년이나 사귄 사람인데 그렇게 나쁜 감정을 _____ 헤어지면 안 돼요. 다시 잘 이야기해 보세요.

   나: 그렇죠? 아무리 화가 나도 헤어지자는 말은 _____

   가: 타케 씨가 먼저 사과하면 여자 친구가 받아줄 거예요. 오늘 꼭 전화라도 해 보세요.

3) 가: 스티브 씨, 이제 다음 주면 미국으로 돌아가네요?

나: 네. 벌써 1년이 이렇게 지나갔어요.

가: 막상 돌아간다고 생각하니 후회되는 일이 많지요?

나: 네. 무엇보다도 전공 공부를 더 열심히 하지 않은 게 많이 후회돼요. _____ 학교 공부에 제대로 신경을 쓰지 못했거든요.

가: 그 대신 한국어 실력은 많이 늘었잖아요.

나: 하지만 한국어 실력이 는 건 보여 주기 어렵잖아요. 미리 한국에 있을 때 한국어능력시험이라도 _____.

읽기 연습

1 다음은 실수를 한 사람들에게 해 주는 충고의 글입니다. 잘 읽고 질문에 답하세요.

> 누구나 실수를 하면 아무도 모르게 비밀로 남겨 둔 채 지나가고 싶어 한다. 하지만 그렇게 하면 실수를 더 크게 만들 뿐이다. 당신 회사의 사장님도 실수는 한다. 당신이 새로운 것을 배우고 노력하며 자신이 할 수 있는 한계를 넘으려 한다면 실수는 오히려 좋은 기회가 될 수도 있다. 회사의 입장에서는 당신이 실수한 것에 대해 후회하며 속상해하느라고 시간을 없애는 것보다 그 실수를 통해 잘못된 점을 배우고 다시는 같은 실수를 하지 않도록 노력하기를 기대한다.
>
> 다른 사람들에게 자기가 실수했다고 솔직하게 이야기하는 것이 쉽지 않다는 것을 높은 자리에 있는 사람들도 잘 안다. 그래서 오히려 자신의 실수를 있는 그대로 받아들이는 행동이 실수 때문에 생긴 문제를 풀 수 있는 가장 좋은 방법이다. 뿐만 아니라, 자신의 실수를 인정하고 그 실수를 통해 새로운 것을 배우고자 노력하는 것은 당신 실수에 대한 다른 사람들의 나쁜 생각을 가장 빨리 ㉠'잠재울 수 있는' 방법이기도 하다.

1) 위 글의 제목으로 알맞은 것을 고르세요.

　❶ 실수를 줄일 수 있는 방법

　❷ 실수를 그대로 인정하는 방법

　❸ 실수를 비밀로 유지하는 방법

　❹ 실수를 해결하는 바람직한 방법

2) 밑줄 친 ㉠'잠재울 수 있는'에 쓰인 '잠재우다'의 의미가 무엇인지 추측해 보세요.

　㉠ 잠재우다 : _____

쓰기 연습

1 다음은 유코 씨가 경험했던 후회가 되는 일입니다. 그림을 보고 유코 씨가 되어 어떤 일을 후회하는지에 대해 글을 써 보세요.

1) 유코 씨가 한국대학원에 입학했을 때 꿈은 무엇이었습니까?

2) 유코 씨는 왜 대학원을 졸업하지 못했습니까?

3) 지금 유코 씨는 어떤 후회를 하고 있습니까?

4) 위의 메모를 바탕으로 여러분이 유코 씨가 되어 후회하는 일에 대한 글을 써 보세요.

　　가끔 지난 인생에 대해 생각할 때 꼭 후회되는 순간이 있다. 나는 대학원을 졸업하지 못한 것이 가장 후회된다.

제12과 실수 · 후회

제13과 직장

학습 목표
직장 선택의 조건에 대해 이야기할 수 있다.

주제	직장
기능	직장 선택의 기준 설명하기
	직장 선택에 대해 충고하기
연습	말하기 : 직장 선택의 기준에 대해 묻고 답하기
	읽기 : 직장 만족도에 대한 신문기사 읽기
	쓰기 : 직장 선택의 이유를 설명하는 글 쓰기
어휘	직장 선택의 조건, 근무 조건
문법	-다면, -다 보니, -지

제13과 직장

어휘와 표현

1 〈보기〉에서 알맞은 말을 골라 넣으세요.

> 보기
> 전공을 살리다   적성에 맞다
> 발전 가능성이 많다   창조적이다   보수가 좋다

❶ 저는 사람을 만나는 것을 아주 좋아합니다. 그래서 많은 사람을 만나서 상품을 파는 일이 제 _____ 직업인 것 같습니다.

❷ 저는 남들과 똑같은 생각보다는 나만의 새로운 아이디어로 자유롭게 일할 수 있는 이 직업이 아주 _____ 직업이라고 생각합니다.

❸ 저는 대학교 때 전공이 심리학을 전공했습니다. 공부한 내용을 이용해서 사람들과 상담하는 일을 하니까 _____ 큰 도움이 됩니다.

❹ 이 회사는 일반 직원들이 최선을 다해 노력하면 승진할 수 있는 _____ 회사입니다.

❺ 이 직업을 선택하면 일도 많이 해야 하고 퇴근도 매일 늦지만 그만큼 _____ 경제적으로 만족할 수 있습니다.

2 〈보기〉에서 알맞은 말을 골라 넣으세요.

> 보기
> 복지   분위기   근무 시간   승진   전망   규모

❶ 가: 이 회사를 선택한 이유가 무엇입니까?

　　나: 저는 무엇보다도 이 회사가 앞으로 많이 발전할 수 있는

　　　　_____이/가 밝은 회사라고 생각했습니다.

❷ 가: 직업을 선택할 때 어떤 점이 가장 중요하다고 생각하세요?

　　나: 아무래도 함께 일하는 사람들과 마음이 잘 맞아야 하니까

　　　　회사의 _____이/가 좋은지 꼭 봐야겠지요.

❸ 가: 철민 씨는 대기업에 들어가고 싶으세요? 아니면 중소기업에

　　　　들어가고 싶으세요?

　　나: 저는 회사의 _____이/가 클수록 일하는 보람이

　　　　클 것 같아서 대기업에 들어가고 싶어요.

❹ 가: 회사 면접에서 꼭 물어보고 싶은 질문이 있어요?

　　나: 네. 저는 집이 멀어서 밤늦게까지 일하기 어렵기 때문에

　　　　_____이/가 어떻게 되는지 물어보고 싶어요.

❺ 가: 최근 대학생들은 회사를 선택할 때 좀 생각이 다른 것 같아요.

　　나: 네. 저희 때와는 달리 요즘 대학생들은 얼마나 빨리 높은 자리에

　　　　올라갈 수 있는지 _____의 가능성을 보던데요.

❻ 가: 수미 씨 회사가 다른 회사보다 좋은 점은 뭐예요?

　　나: 우리 회사는 근무 환경도 좋고 사원들을 위한 _____

　　　　제도가 아주 잘되어 있어서 인기가 많은 편이죠.

문법

 –다면

1 <보기>와 같이 이야기한 후에 쓰세요.

> 보기
> 가: 어떤 회사에 취직하고 싶으세요?
> 나: 제가 좋아하는 일을 **할 수만 있다면** 어떤 회사든 괜찮아요.

❶ 가: 그 직장은 일을 많이 시킨다고 소문이 났어요.
　　나: 일을 많이 시켜도 월급만 _____ 저는 상관없어요.

❷ 가: 오늘 면접을 본 회사는 어떤 것 같아요?
　　나: 일단 안정성이 있어서 좋은데 근무 시간이 그렇게 _____
　　　　다시 생각해 봐야죠.

❸ 가: 어제 면접을 봤는데 합격이 될지 걱정이에요.
　　나: 면접에서 대답만 _____ 좋은 결과가 있을 거예요.

❹ 가: 저 회사는 규모는 큰데 직원들을 위한 복지가 별로 좋지 않다면서?
　　나: 그래? 내가 저 회사 _____ 좀 바꿔 볼 텐데.

❺ 가: 회사가 너무 멀어서 회사 근처 아파트로 이사를 가고 싶은데 당신은
　　　　어때요?
　　나: 당신과 아이들이 모두 가는 걸 _____ 나도 따라가야지요.

❻ 가: 오늘 몸이 좀 안 좋아서 야근을 못 할 것 같은데 어떻게 하지?
　　나: 나라도 _____ 내가 대신해 줄게.

–다 보니

1 〈보기〉와 같이 이야기한 후에 쓰세요.

> 보기
> 가: 어떻게 하면 부장으로 승진할 수 있어요?
> 나: 글쎄요. 몇 년 동안 열심히 <u>일하다 보니</u> 어느새 부장이
> 되어 있던데요.

❶ 가: 이 선생님은 어떻게 만화가가 되셨어요?
  나: 어려서부터 만화책을 많이 _____ 만화를 그리는
  것에 관심이 생겼어요.

❷ 가: 미코 씨는 왜 의사를 직업으로 선택했어요?
  나: 어릴 때부터 제가 몸이 자주 _____ 병을 고치는
  일에 관심을 갖게 되었어요.

❸ 가: 민수 씨, 드디어 취직하셨다면서요? 축하드려요.
  나: 감사합니다. 열 번 넘게 _____ 이렇게 성공하는
  날이 오네요.

❹ 가: 왕쯔이 씨, 한국어 실력이 정말 많이 늘었네요.
  나: 매일 도우미와 만나서 한국어로 _____ 한국어가
  많이 쉬워졌어요.

❺ 가: 요즘 왜 이렇게 살이 빠졌어요?
  나: 회사 일이 너무 많아 정신 없이 _____ 제대로 밥을
  못 먹을 때가 많았거든요.

❻ 가: 두 분은 어떻게 결혼하셨어요?
  나: 집이 가까워서 자주 _____ 결혼까지 하게 되었네요.

−지

1 〈보기〉와 같이 이야기한 후에 쓰세요.

> 보기
> 가: 제가 들어가고 싶은 회사에서 일하는 선배를 내일 만나기로 했어요.
> 나: 그래요? 그럼 회사 분위기가 **좋은지** 꼭 물어보세요.

① 가: 민수 씨, 다니던 회사를 그만두셨다면서요?
　나: 네. 너무 야근이 많아서요. 새로운 직장을 구할 때는 야근이 ＿＿＿＿＿＿＿＿＿＿ 꼭 확인해야겠어요.

② 가: 한번 선택한 회사를 그만두지 않고 오래 다닐 수 있는 방법은 무엇일까요?
　나: 그 회사에서 제일 중요하게 생각하는 게 ＿＿＿＿＿＿＿＿＿＿ 미리 알아보는 게 필요해요.

③ 가: 내일이 입사 원서 마감일인데 걱정이네요.
　나: 그렇게 걱정이 되면 준비한 서류들을 다시 보면서 틀린 게 ＿＿＿＿＿＿＿＿＿＿ 확인해 보세요.

④ 가: 영호 씨가 다음 주부터 회사에 출근해요. 출근 기념으로 무슨 선물이 좋을까요?
　나: 영호 씨한테 어떤 물건이 ＿＿＿＿＿＿＿＿＿＿ 직접 물어보고 정하는 게 어때요?

⑤ 가: 수미 씨 졸업식이 이번 주 금요일이라고 했죠?
　나: 어. 저는 모르는데요. 수미 씨한테 ＿＿＿＿＿＿＿＿＿＿ 다시 물어보세요.

말하기 연습

1 다음을 이야기한 후에 쓰세요.

1) 가: 해나 씨, 학교 졸업 후의 계획이 뭐예요?

　나: 우선 직장에 들어가서 일을 하려고 해요.

　가: 어떤 곳에서 일하고 싶은데요?

　나: 제가 혼자 연구하는 것을 _____ 연구소 같은 곳이 적성에

　　　맞을 것 같아요.

　가: 그래요? 좀 지루하지 않을까요? 저는 보수나 근무 시간 등 다른

　　　조건이 다 _____ 가능한 한 많은 사람들을 만나는 그런

　　　직업이 적성에 맞는 것 같아요.

　나: 아무래도 성격에 따라 좋아하는 직업이 다른 것 같아요.

2) 가: 오늘 아침에 신문기사 봤어?

　나: 아니, 왜? 무슨 기사가 있었는데?

　가: 최근 중·고등학교 학생들을 대상으로 직장 선택에 대한 설문 조사를

　　　했는데, 제일 중요하게 생각하는 기준이 뭔지 알아?

　나: 글쎄, 적성에 맞는 거 아니었을까?

　가: 그것도 있긴 했지만 일한 만큼 _____ 아주 중요하게 생각

　　　하던데.

　나: 역시 요즘에는 돈이 중요하다고 생각하는 사람이 _____

3) 가: 선생님, 저 고민이 있어서 상담 좀 하러 왔어요.

   나: 그래? 어떤 고민이 있는데?

   가: 뭐, 일단 행복한 고민이긴 한데요. 지난번에 지원했던 회사들 중 두 군데서 연락을 받았어요. 하나는 대기업이고 또 하나는 중소기업인데 어느 회사로 _____

   나: 흠, 아무래도 안정성이나 규모를 _____ 대기업이 좀 낫지 않을까? 요즘 경제 사정 때문에 잘못되는 회사들도 많으니까.

   가: 그렇죠? 저도 발전 가능성보다는 안정성이 더 중요하다고 생각했어요.

읽기 연습

1 다음은 직장 만족도에 대한 신문기사입니다. 잘 읽고 질문에 답하세요.

> ### 직장에 만족하는 이유는 ㉠_____ 때문?
>
> 실제 취업에 성공하여 직장 생활을 하고 있는 직장인들의 경우에도 마냥 행복한 것이 아니라 직장에 대한 만족도가 높지 않은 것으로 조사되어 눈길을 끌고 있다. 한 취업 준비 사이트에서 직장인 남녀 2천 명을 대상으로 설문 조사를 한 결과, 전체의 31%, 즉 10명 중 3명만이 자신의 직장에 만족하는 것으로 나타났다.
>
> 구체적으로 회사 생활에 가장 만족하는 이유로는 동료와의 편한 관계가 40%로 가장 높았고, 그 다음으로 자신이 하고 있는 업무, 근무 조건, 회사 위치, 자기 분야의 발전 가능성이 뒤를 이었다. 이러한 결과는 보수 혹은 근무 시간이 직장에 대한 만족도를 좌우할 것이라는 일반적인 견해와 다른 것이어서 뜻밖의 결과라고 할 수 있다.
>
> 반면, 직장에 만족하지 못하는 사람들이 뽑은 이유로는 불확실한 복지 제도가 47%로 가장 많았고 상사 및 동료와의 불편한 인간 관계가 30%로 그 뒤를 이었다. 이와 같이 직장 동료와의 관계가 직장의 만족도를 높여 업무 성과를 향상시키거나 혹은 직장에 대한 만족도를 떨어뜨리는 만큼 기업은 직원들 사이가 좋아질 수 있는 방법을 찾아야 할 것이다.

1) 밑줄 친 ㉠에 들어갈 알맞은 말을 넣어 제목을 완성해 보세요.

   ㉠ _____

2) 위 글을 읽고 다음 표를 완성해 보세요.

현재 직장에 대한 만족도	
직장에 만족하는 이유	
직장에 만족하지 못하는 이유	

3) 위 글에 따르면 기업은 직원들의 직장 만족도를 높이기 위해 어떤 노력을 해야 해요?

쓰기 연습

1. 다음은 아일린 씨의 성향과 두 가지 다른 직장 유형에 대해 메모한 것입니다. 다음을 보고 아일린 씨가 되어 직장 선택에 대한 이유를 제시하는 글을 써 보세요.

    〈나의 성향〉
    - 성격이 꼼꼼하고 모험을 싫어한다.
    - 창의적인 일을 하는 것이 어렵다.
    - 내 개인의 의견보다는 전체의 의견을 따르는 편이다.

    〈A 유형 : 방송국, 광고회사〉
    출퇴근이 자유롭다.
    창조적이다.
    개인의 생각이 중요하다.

    〈B 유형 : 공공 기관, 학교〉
    안정적이다.
    정해진 방식대로 일한다.
    회사의 결정이 중요하다.

    1) 여러분이 아일린 씨라면 위의 직장 유형 중 어떤 유형의 직장을 선택할지 고르고 성향과 근무 조건을 연결하여 짧게 메모해 보세요.

        (1) 성격이 꼼꼼하고 모험을 싫어하다 보니 안정적인 직장이 좋다.

        (2) _____

        (3) _____

2) 위에서 메모한 내용을 바탕으로 여러분이 아일린 씨가 되어 자신이 원하는 직장과 그 이유를 설명하는 글을 써 보세요.

나는 만일 위의 두 직장 중 하나를 고르라고 한다면, 공공 기관에서 일하는 것을 선택할 것이다. 왜냐하면

제14과 여행 계획

학습 목표
여행 정보를 교환하고 여행 계획을 세울 수 있다.

주제	여행 계획
기능	여행 계획 세우기
	여행 장소 추천하기
연습	말하기 : 여행 계획에 대해 묻고 답하기
	읽기 : 다녀온 여행지를 추천하는 글 읽기
	쓰기 : 여행 중에 쓴 메모를 보고 여행지를 추천하는 글 쓰기
어휘	여행 상품의 특징
문법	-(으)ㄹ 만하다, -대요, -내요, -재요, -(으)래요, -는 대로

제14과 여행 계획

어휘와 표현

1 〈보기〉에서 알맞은 말을 골라 넣으세요.

> 보기
> 알뜰하다   화려하다
> 여유롭다   고급스럽다   환상적이다

① 가: 주로 배낭여행을 자주 하시는 것 같아요.

　나: 네. 저는 여행 중에 밥도 직접 해 먹고, 잠도 저렴한 곳에서 자면서 _____ 여행하는 편이에요.

② 가: 숙소는 어떤 곳이 좋으세요?

　나: 저는 다른 건 몰라도 자는 곳은 조금 비싼 _____ 곳이 좋아요.

③ 가: 봄에도 눈을 볼 수 있는 곳이 있어요?

　나: 네. 버스를 타고 조금만 올라가면 눈으로 덮인 _____ 풍경을 볼 수 있어요.

④ 가: 패키지여행은 하루 종일 많이 돌아다녀야 돼서 싫은데요.

　나: 그런 손님들을 위해서 이번에 일정이 비교적 _____ 상품이 나왔습니다.

⑤ 가: 이 호텔은 200년 전에 왕들이 살던 궁이었다고 해요.

　나: 아, 그래서 화장실 손잡이까지 금으로 _____ 장식해 놓았나 봐요.

문법

-(으)ㄹ 만하다

1 〈보기〉와 같이 이야기한 후에 쓰세요.

> 보기
> 가: 여행 잘 다녀왔어요? 중국 여행 어땠어요?
> 나: 날씨도 좋고 음식도 맛있어서 정말 좋았어요. 중국은 정말 <u>가 볼 만한</u> 곳이에요.

❶ 가: 그 나라의 음식이 입에 잘 맞았어요?
　　나: 조금 짜기는 했지만 _____

❷ 가: 그 민속촌의 쇼가 아주 유명하다고 하던데 어땠어요?
　　나: 네, 옷도 화려하고 춤도 멋있고 정말 _____

❸ 가: 예약할 때 호텔이 너무 비싸서 마음에 안 들어했잖아요. 어땠어요?
　　나: 서비스도 좋고 방도 넓어서 비싸지만 하루 정도는 _____

❹ 가: 지금 살고 있는 기숙사는 어때요?
　　나: 조금 좁고 공기가 잘 안 통해서 불편하기는 하지만 _____

❺ 가: 그 두꺼운 책을 벌써 다 읽었어요?
　　나: 네. 조금 길고 어려운 부분도 있었지만 그냥 _____

❻ 가: 패키지여행은 가이드가 중요하다고 하던데 어땠어요?
　　나: 착하고 성실해서 정말 믿음직스러웠어요. _____
　　　　가이드와 여행하니까 아주 편하던데요.

제14과 여행 계획 **187**

–대요, –내요, –재요, –(으)래요

1 그림을 보고 〈보기〉와 같이 이야기한 후에 쓰세요.

보기

가: 제주도에 대한 기사인가 봐요?
나: 네. 제주도에 유채꽃이 활짝 피었대요.

❶
가: 이 온천으로 여행 갈 거예요?
나: 네. 이 온천이 건강에 정말 _____

❷
가: 뭘 그렇게 열심히 봐? 어, 여행 광고네.
　　뭐 좋은 거 있어?
나: 응. 전라남도에 가는 건데 _____

❸
가: 이번 주말에 특별한 계획이 있어요?
나: 네. 친구들이 같이 부산으로 _____

❹
가: 배낭여행 가는 거 부모님께 허락 받았어요?
　　뭐라고 하세요?
나: 특별한 말씀은 없으셨는데 여행하는 곳이
　　안전한 _____

❺
가: 단풍이 정말 환상적이네요. 여기 어디예요?
나: 단풍으로 유명한 내장산이에요. 이번 주에
　　단풍이 제일 예쁘다고 단풍을 보러 가려면 꼭
　　이번 주말에 _____

제14과 여행 계획

제15과 명절

학습 목표
명절에 한 일과 명절 풍습에 대해 이야기할 수 있다.

주제	명절
기능	명절 인사하기 명절 풍습 설명하기
연습	말하기 : 명절과 한 일에 대해 묻고 답하기 　　　　　명절 풍습에 대해 이야기하기 읽기 　: 정월대보름에 대한 글 읽기 쓰기 　: 동지에 대해 설명하는 글 쓰기
어휘	명절, 풍습
문법	-더라, -까지, -는/(으)ㄴ데도, -(이)나

제15과 명절

어휘와 표현

1 〈보기〉에 알맞은 말을 골라 넣으세요.

> **보기**
> 세배를 하다   덕담을 하다   성묘를 하다
> 차례를 지내다   떡국을 먹다   고향에 내려가다

❶ 한국의 가장 큰 명절인 설날이 되면 사람들은 선물을 사 가지고 _____. 많은 사람들이 비슷한 시간에 내려가기 때문에 고속도로가 많이 막혀 기차를 이용하는 사람들도 많다.

❷ 설날 아침에는 후손들을 잘 보살펴 주기를 바라는 마음으로 조상들에게 _____. 그리고 가족들과 함께 설날의 대표적인 음식인 _____

❸ 설날이 되면 아침에 할아버지, 할머니, 부모님께 _____. 그러면 어른들께서는 세뱃돈을 주시면서 좋은 이야기인 _____

❹ 설날에는 조상들의 산소에 가서 _____ 모습을 볼 수 있다.

문법

—더라

1 <보기>와 같이 이야기한 후에 쓰세요.

> 보기
> 가: 이번 추석은 정말 더웠지?
> 나: 응, 가을인데도 너무 **덥더라**.

❶ 가: 마이클 씨가 팥죽을 먹을 수 있을까?
　나: 아마 잘 먹을 거야. 마이클 씨는 아무 거나 잘 _____

❷ 가: 설날에 소피아 씨하고 서울 구경을 했다면서?
　나: 응. 서울타워에 갔는데 야경이 정말 _____

❸ 가: 선희 씨 어머니께서 떡국을 정말 맛있게 _____
　나: 맞아. 그래서 나도 지난 설날에 두 그릇이나 먹었어.

❹ 가: 하숙집 친구들이랑 어제 송편 만들었다면서? 어렵지 않았어?
　나: 어렵기는. 생각했던 것보다 훨씬 _____

❺ 가: 아까 수첩을 보니 다음 주가 _____
　나: 몰랐어? 그래서 나도 오늘부터 도서관에 가서 공부하려고요. 같이 갈래?

❻ 가: 올가 씨가 이번에 한국어능력시험에서 좋은 성적을 받았다면서?
　나: 응. 어제 만났는데 남자 친구가 한국 사람이라서 그런지 그동안 한국어 실력이 많이 _____

제15과 명절 **199**

–까지

1 그림을 보고 〈보기〉와 같이 이야기한 후에 쓰세요.

보기
가: 정월대보름날 맛있는 거 먹었어요?
나: 네. 하숙집에서 오곡밥도 먹고 <u>나물까지</u> 먹었어요.

❶
가: 피곤해 보여요. 설날에 많이 바빴어요?
나: 네. 이번엔 차례를 지내고 산소에 가서 _____ 했거든요.

❷
가: 명절에 고향에 가서 선생님은 뵈었어요?
나: 네. 선생님도 뵙고 _____ 만났어요.

❸
가: 수철 씨, 주말에 뭐 했어요?
나: 오래간만에 빨래도 하고 _____ 했어요. 방이 깨끗해지니까 기분이 좋았어요.

❹
가: 생일날 남자 친구한테 선물 받았어요?
나: 네. 목걸이도 받고 _____ 받았어요.

❺
가: 지금 꼭 가야 돼요? 바람도 불고 _____ 오잖아요.
나: 네, 가야 돼요. 취소할 수 없는 중요한 약속이거든요.

–는/(으)ㄴ데도

1 〈보기〉와 같이 이야기한 후에 쓰세요.

> 보기
> 가: 우리 하숙집 아줌마는 자동차가 <u>있는데도</u> 이번 추석에 기차를 타고 고향에 가신대요.
> 나: 명절에는 고속도로가 많이 막히니까요.

❶ 가: 미숙 씨, 이번 설에 _____ 고향에 갈 거예요?
   나: 네. 아무리 바빠도 부모님께서 기다리셔서 가야 해요.

❷ 가: 요리 책을 보고 똑같이 _____ 나물 맛이 조금 이상한 것 같아요.
   나: 이상하기는요. 제 입에는 잘 맞는데요.

❸ 가: 한국 사람들은 설날에 뭐 하는지 알아요?
   나: 한국에 온 지 벌써 3년이 _____ 잘 모르겠어요.

❹ 가: 오늘은 _____ 도서관이 문을 열어요?
   나: 그럼요. 일요일에도 공부하러 오는 사람들이 많거든요.

❺ 가: 선영 씨는 정말 부지런한 것 같아요.
   나: 맞아요. 집이 _____ 매일 우리 반에서 제일 먼저 학교에 오잖아요.

❻ 가: 오늘 날씨가 이렇게 _____ 지민 씨는 등산을 하러 갔대요.
   나: 진짜요? 저는 추워서 아무 데도 가기 싫던데요.

–(이)나

1 〈보기〉와 같이 이야기한 후에 쓰세요.

> 보기
>
> 가: 마이클 씨, 이번 설 연휴 때 특별한 계획 있어요?
> 나: 아니요. 하숙집 식구들이랑 **떡국이나** 먹으려고 해요.

❶
가: 아버지, 차례도 지내고 떡국도 먹었는데 이제 뭐 할까요?
나: 우리 오랜만에 _____ 한번 해 볼까?

❷
가: 툰데 씨, 명절 때 뭐 할 거예요?
나: 글쎄요. 그냥 여기저기 _____ 다닐까 해요.

❸
가: 수진 씨, 크리스마스 때 남자 친구 만나요?
나: 아니요. 남자 친구도 없고 약속도 없어서 혼자 집에서 _____ 하려고요.

❹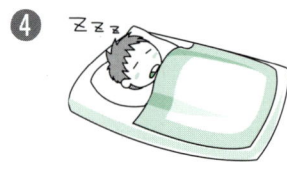
가: 민수 씨, 명절인데 고향에 안 내려가요?
나: 네. 기차표도 없고 집에서 _____ 잘래요.

❺
가: 시간도 없고 귀찮은데 _____ 끓여 먹자.
나: 좋아요. 라면 끓이는 건 자신 있어요.

말하기 연습

1 그림을 보고 이야기한 후에 쓰세요.

1) 가: 마오 씨, 다음 주가 설 연휴인데 혹시 특별한 계획 있어요?

   나: 아니요, 그런 거 없는데요.

   가: 그럼 저랑 같이 우리 _____?

   나: 좋아요. 그런데 고향에 내려가서 보통 뭐 해요?

   가: 가족과 친척들도 만나고 아침에 함께
   _____.

   나: 아, 그렇군요. 그런데 설날 아침에는 밥이
   아니라 다른 걸 먹는다면서요?

   가: 아, 그거요? _____.
   그걸 먹어야 나이를 한 살 더 먹거든요.

2) 가: 와, 정월대보름이라서 그런지 달이 정말 크고 예쁘네.

   나: 그렇지? 저 달을 보고 _____ 달님이 그걸 들어준대.

   가: 정말? 재미있는 풍습이다. 그럼 나도
   소원을 빌어야겠네.

   나: 그런데 소원이 뭐야?

   가: 내가 곧 졸업하잖아. 그런데 선배들을
   보니까 취직이 너무 _____.
   그래서 취직을 하게 해 달라고 빌 거야.

   나: 달님이 소원을 들어줬으면 좋겠다.

3) 가: 제임스 씨, 고향에도 추석 같은 _____이
   있어요?

   나: 네. 한 해 동안 농사를 잘 지은 것에 대해 감사하는 날이 있는데
   추수감사절이라고 해요.

   가: 그러면 한국의 차례처럼 조상께 감사를 드리는 풍습도 있겠네요.

   나: 네. 감사의 기도를 하는데요. 그때는 먼 곳에
   사는 _____ 다 모여요.

   가: 그날에만 먹는 음식도 있어요?

   나: 네. 추수감사절에는 칠면조 요리랑
   호박 파이를 먹는 풍습이 있어요.

   가: 맛있겠네요. 저도 한번 먹어 보고 싶어요.

읽기 연습

1 다음은 한국의 정월대보름을 설명하는 글입니다. 잘 읽고 질문에 답하세요.

음력 정월(1월) 보름(15일)은 한국의 정월대보름이라고 하는 명절이다. 대보름은 '가장 큰 보름'이라는 뜻으로 이날을 명절로 정하여 다양한 풍습을 즐겼다고 전해진다.

보름날 아침에는 땅콩이나 호두, 밤 같은 부럼을 깨는데 이렇게 하면 피부에 뭐가 나지 않고 이도 튼튼해진다고 생각했다. 또 이날 만나는 사람에게 인사 대신 "내 더위 사세요"라고 말하며 더위를 파는 풍습도 있다. 이렇게 더위를 판 사람은 그해 여름을 덥지 않게 잘 지낼 수 있다고 믿었다. 그리고 그동안 저장해 둔 곡식과 나물을 모두 이용해 오곡밥과 아홉 가지 나물 반찬을 만들어 먹으면서 겨울 동안 부족했던 영양을 보충했다고 한다.

이날 낮에는 연날리기, 줄다리기, 널뛰기 등의 놀이를 하고 밤에는 달맞이를 했다. '달맞이'란 보름달을 보며 마음 속으로 소원을 비는 것이다. 요즘은 전통적인 풍습은 많이 사라졌지만 아직도 대보름 음식을 먹거나 달을 보며 소원을 비는 풍습은 여전히 남아 있다.

1) 위 글을 읽고 알 수 <u>없는</u> 것은 무엇입니까?

   ❶ 정월대보름의 뜻   ❷ 정월대보름날의 선물

   ❸ 정월대보름날 먹는 음식   ❹ 정월대보름날 하는 놀이

2) 읽은 내용과 같으면 ◯, 다르면 ✕에 표시하세요.

   (1) 정월대보름은 양력 1월 15일로 한국의 가장 큰 명절이다.　　◯　✕

   (2) 부럼을 깨는 풍습은 건강과는 별로 관계가 없다.　　◯　✕

   (3) 보름달을 보며 소원을 비는 풍습은 아직도 전해 내려온다.　　◯　✕

쓰기 연습

1 다음은 한국의 명절인 동지에 대한 메모입니다. 다음을 보고 동지에 대한 글을 써 보세요.

시기	• 12월 22일 또는 23일 (1년 중에서 낮이 가장 짧고 밤이 가장 긴 날)
의미	• 동지 이후 낮이 길어지기 때문에 해가 다시 찾아오는 날이라고 생각함.
풍습	• 해의 신에게 제사 지냄. • 팥죽을 먹음. • 여기저기 팥죽을 놓아 붉은색으로 귀신을 쫓음.

1) 동지의 의미는 무엇입니까?

2) 동지의 풍습에는 어떤 것이 있습니까?

    (1) 해의 신에게 제사를 지낸다.

    (2) _____

    (3) _____

3) 위에서 메모한 내용을 바탕으로 동지에 대해 설명하는 글을 써 보세요.

    한국의 명절 중 하나인 동지는 _____

종합 연습 Ⅲ

1 다음 밑줄에 알맞은 말을 고르세요.

1) 가: 지난번처럼 실수하면 안 됩니다.

   나: 네. 이번에는 정신을 똑바로 _____ 듣겠습니다.

   ① 돌리고　　② 차리고　　③ 따르고　　④ 지키고

2) 가: 직장을 고를 때 어떤 점을 제일 중요하게 생각하세요?

   나: 저는 그 회사의 현재 모습보다 앞으로 얼마나 _____이/가 있는지를 가장 중요하게 생각합니다.

   ① 안정성　　② 근무 시간　　③ 복지 제도　　④ 발전 가능성

3) 가: 다음 달에 결혼하는데요. _____을 어디로 가는 게 좋을까요?

   나: 해외여행을 하는 사람들도 많아졌지만 그래도 제주도가 늘 인기가 많은 것 같아요.

   ① 국내 여행　　② 자유 여행　　③ 가족 여행　　④ 신혼여행

2 다음 밑줄 친 부분과 의미가 비슷한 것을 고르세요.

1) 어제 저녁 한국자동차 회사 창고에서 화재가 발생해서 1,200여만 원의 재산 피해가 있었지만 다행히 인명 피해는 없었습니다.

   ① 나서　　② 타서　　③ 줄어서　　④ 피어서

2) 처음 만나는 사람에게 나이나 직업에 대해 질문하지 않도록 조심해야 한다.

   ① 충고해야　　② 생각해야　　③ 주의해야　　④ 실수해야

3) 요즘 단체 여행객들을 위한 저렴한 해외여행 상품들이 인기가 많다.

   ① 화려한　　② 값이 싼　　③ 고급스러운　　④ 일정이 여유로운

3 다음에서 알맞은 말을 골라 대화를 완성하세요.

1) 맞다 – 하다 – 당하다

   가: 무슨 일이 생겼어요? 왜 저렇게 사람들이 많이 모여 있어요?

   나: 저 아주머니가 은행에서 돈을 가지고 나오다가 소매치기를 _____

2) 창조적이다 – 적성에 맞다 – 안정적이다

   가: 영수 씨는 어떻게 자동차 고치는 일을 직업으로 선택했어요?

   나: 어릴 때부터 워낙 자동차에 관심도 많고 고장 난 것을 고치는 일을 좋아하다 보니 _____ 이 일을 선택했어요.

3) 세배를 하다 – 성묘를 하다 – 차례를 지내다

   가: 아이들은 추석보다 설날을 좀 더 기다리는 것 같아요.

   나: 아무래도 설날에는 _____ 용돈까지 받을 수 있어서 그렇겠죠.

4 다음 밑줄에 알맞은 말을 고르세요.

1) 가: 감자를 찌려고 불 위에 올려 놓았는데 깜박 _____ 냄비까지 탔어요.

   나: 어쩐지. 이상한 냄새가 나더라. 앞으로는 제발 딴 생각 좀 하지 마세요.

   ① 잊어버리다가   ② 잊어버리느라
   ③ 잊어버릴 정도로   ④ 잊어버리는 바람에

2) 가: 지난 주말에 콘서트는 잘 봤어요?

   나: 네, 정말 재미있었는데요. 너무 늦게 도착해서 하마터면 _____.

   ① 못 들어갔나 봐요   ② 못 들어갈 뻔했어요
   ③ 들어갈 줄 몰랐어요   ④ 들어가지 못했던데요

3) 가: 영미 씨, 이번 남자 친구 생일에 뭘 선물할 거예요?

   나: 글쎄요. 요즘 좀 돈이 없어서 선물은 따로 못 하고 그냥 같이 _____.

   ❶ 밥도 샀어요　　　　　　　❷ 밥이라도 샀어요

   ❸ 밥이나 먹으려고요　　　　❹ 밥까지 먹으려고요

5 다음 ☐의 단어를 알맞은 형태로 바꾸어 밑줄에 쓰세요.

1) 보수가 좋다

   가: 고려기업은 늘 지원자가 많아서 경쟁률이 높던데요.

   나: 그 회사는 다른 곳보다 _____ 인기가 많은 거죠.

2) 실속이 있다

   가: 우리 이번에는 패키지여행 말고 자유 여행으로 일본에 갈까?

   나: 아니. 자주 여행을 해 보니까 일정이 힘들기는 해도 비용에 비해서 패키지여행이 훨씬 _____

3) 한눈팔다

   가: 영수 씨, 어쩌다가 팔을 다쳤어요?

   나: 어제 집에 가는 길에 _____ 계단에서 넘어졌어요.

6 〈보기〉와 같이 ▢의 표현을 이용해서 문장을 만드세요.

보기
시간이 없다, 택시를 타다, 좋다
시간이 없으니까 택시를 타는 게 좋겠어요.

1) 유학 생활을 마치다, 고향에 돌아가다, 취직하다
   _____

2) 아줌마같이 파마를 하다, 머리만 자르다
   _____

3) 사실과 다르다, 나쁜 소문, 상처를 받는 사람들이 늘다
   _____

7 대화의 밑줄에 알맞은 표현을 쓰세요.

1) 가: 밍밍 씨는 한국에 와서 어떤 점이 많이 힘들었어요?

   나: 밥을 남기는 것은 예의가 아니라고 해서 늘 남기지 않고 다 _____

2) 가: 이번 학기에는 공부를 열심히 해서 장학금도 타고 매일 운동도 해서 살도 뺄 거야.

   나: 계획을 세울 때는 정말 _____ 잘 생각해 보고 세우는 게 좋아.

3) 가: 요즘 노트북은 크기가 정말 작더라고요.

   나: 네, 맞아요. 우리가 읽는 _____ 노트북도 있던데요.

8 밑줄에 알맞은 표현을 쓰세요.

1) 가: 아까 여기에서 교통사고가 났을 때 보셨다면서요? 그때 상황을 좀 설명해 주시겠습니까?

   나: 네, 저는 그때 길을 건너려고 신호등 옆에 서 있었는데요. 급하게 달려오던 택시가 빗길에 미끄러지는 바람에 나무와 부딪치며 차의 앞 유리가 _____

   가: 그때 운전자는 어땠습니까? 많이 다쳤습니까?

   나: 아니요. 바로 차 밖으로 나와서 이야기를 할 정도였어요.

   가: 주변에 혹시 다친 사람들은 없었습니까?

   나: 네. 다행히 나무 주변에 사람들이 없어서 다친 사람은 없었지만, 깨진 유리창과 부서진 차 조각 때문에 길이 _____

2) 가: 요즘 신문기사를 보면 직장을 선택하는 기준도 예전과는 많이 바뀐 것 같아.

   나: 왜? 어떤 점이 달라졌는데?

   가: 옛날 우리 부모님 세대는 보수나 안정성 같은 조건을 제일 _____

   나: 그렇지. 그리고 언제나 회사 일을 개인의 행복보다 늘 먼저 생각하셨지.

   가: 그런데 지금 우리 세대는 회사에서의 성공보다 개인의 삶을 더 소중하게 생각해서 그런지 아무리 _____ 자기 시간을 충분히 가질 수 없는 직장은 잘 선택하지 않더라.

9 다음 문장의 순서를 바꿔 자연스러운 대화를 만드세요.

1) 가: 던진 윷의 모양에 따라 윷판에 있는 길 위로 말들을 움직인다.
   나: 윷놀이는 한국의 민속 놀이로서 네 개의 윷가락과 말, 그리고 윷판이 필요하다.
   다: 놀이를 시작하기 전에 참가자를 두 편으로 나누고 차례대로 윷을 던지게 한다.
   라: 제일 먼저 모든 말이 윷판을 돌아오는 팀이 이기게 된다.

   나 – ( ) – ( ) – ( )

2) 가: 그 체험을 하려고 기다리는 사람이 아주 많다던데요?
   나: 편리한 생활을 버리다니요?
   다: 최근에 아주 재미있는 여행 상품이 나왔대요.
   라: 나라면 돈을 주고 하게 해도 절대 안 할 텐데, 사람들은 다 취향이 다른가 봐요.
   마: 현대인들이 편리한 생활을 버리고 옛날 사람들의 삶을 체험하는 여행이래요.
   바: 옛날 사람들처럼 사냥해서 먹을 것도 구하고 집이 아닌 밖에서 잔대요.
   사: 뭔데요?
   아: 그런 여행 상품을 누가 돈을 내고 살지 모르겠어요.

   다 – ( ) – ( ) – ( ) – 바 – ( ) – ( ) – 라

10 다음을 읽고 알맞은 말을 쓰세요.

1) 아래의 ㄱ)이 의미하는 것이 무엇인지 아래에 쓰세요.

> 다니던 직장을 그만두고 새로운 회사로 옮기려는 사람들이 많아지고 있다. 이들에게 이유를 조사해 본 결과, '직원들보다 회사를 더 생각하는 기업 문화에 적응하지 못해서'라는 답변이 가장 많았다고 한다. ㄱ)이러한 현상을 막으려면 기업이 좀 더 직원들을 배려하는 노력을 보여야 한다.

2) 아래의 밑줄에 알맞은 말을 쓰세요.

> 2일 오후 미소초등학교 부근에서 비행 연습 중이던 경비행기가 고장으로 인해 추락하는 사고가 발생했다. 비행기에 타고 있던 두 사람은 가벼운 ㄱ)_____ 가까운 병원으로 옮겨져 치료를 받고 있다.

_____

11 다음을 읽고 질문에 답하세요.

> 지난 주말에 서점에 갔다가, 죽음을 앞두고 있는 사람들이 가장 후회하는 일이 무엇인지에 대해 쓴 책을 읽었다. 과연 얼마 남지 않은 시간을 앞두고 있는 사람들은 어떤 일을 가장 후회할지 무척 궁금했다. 뜻밖에 그들의 대답은 아주 간단했다. 그중 세 가지 후회만 소개하면 '사랑하는 사람에게 고맙다는 말을 하지 못한 것', '진짜 하고 싶은 일을 하지 못한 것', 그리고 '조금 더 겸손하지 못한 것'이었다. 너무나 쉬워 보이는 이 일들을 왜 그들은 지금까지 못했던 걸까? 죽음을 앞두고 이와 같은 후회를 하지 않기 위해서 나는 이러한 일들을 생각으로만 하지 않고 바로 오늘부터 ㄱ)_____ 노력할 것이다.

1) 이 글에 등장한 '나'는 책을 읽고 나서 어떤 일을 하기로 했습니까?

　❶ 자기가 하고 있는 일을 그만둔다.
　❷ 가까운 사람들에게 감사의 마음을 표현한다.
　❸ 친구들에게 후회되는 일이 무엇인지 물어본다.
　❹ 자신의 건강 상태가 괜찮은지 검사를 받는다.

2) ㄱ)에 알맞은 말을 쓰세요.

_____

12 다음을 읽고 질문에 답하세요.

> 이번 여름에 혹시 유럽으로 여행 가고 싶은 분들, 저랑 같이 계획 세우실래요?
>
> 저는 지금 대학교 2학년 여학생인데요. 고등학교 때부터 꼭 가고 싶었던 유럽 여행을 이번 여름 방학을 이용해 떠날 계획입니다. 숙박비나 식비 등의 여행 경비를 줄일 수 있어서 실속 있고 여러 명이 함께 가면 혼자 낯선 곳에 가는 위험도 피할 수 있어 ㄱ)일석이조일 수 있을 것 같습니다. 같이 갈 만한 사람이 있다면 꼭 함께 가고 싶습니다.
>
> 일단 저는 서유럽 쪽의 화려한 경치를 꼭 보고 싶고, 기간은 한 달 정도 생각하고 있습니다. 배낭여행으로 갈지 아니면 패키지여행으로 갈지, 여행 방법은 가는 인원이 정해지면 서로 의견을 모아 결정해도 될 것 같습니다. 3월까지 인원을 모아 그룹을 정하고 두 달 정도 같이 구체적인 계획을 세워 6월 말 기말고사가 끝나는 대로 출발하면 좋겠습니다. 8월은 여행하기에 너무 덥다는 이야기들이 많아서요.
>
> 이 글을 읽고 관심이 있으신 분들은 간단히 예상하고 있는 여행 경비나 희망하는 여행 지역 등을 적어 제게 메일 보내 주세요. 제 메일 주소는 travelkim@naver.net입니다. 저에 대한 좀 더 자세한 소개와 함께 바로 답장 보내 드릴게요.

1) 이 글을 쓴 목적으로 맞는 것을 고르세요.

   ① 유럽 여행 상품을 광고하기 위해서
   ② 유럽 지역 날씨를 소개하기 위해서
   ③ 여행을 같이 갈 사람을 찾기 위해서
   ④ 여행 동호회 회원을 모집하기 위해서

2) 밑줄 친 ㄱ)'일석이조'의 의미가 무엇일지 써 보세요.

   _____

3) 이 글을 쓴 사람에 대한 내용으로 맞는 것을 고르세요.

   ① 일주일 간 유럽 여행을 계획하고 있다.
   ② 경비를 줄이기 위해 배낭여행을 갈 것이다.
   ③ 3월에 같이 갈 사람들을 결정할 것이다.
   ④ 8월에 유럽으로 출발하려고 한다.

정답

제1과 새로운 생활

어휘와 표현   P.16
1 1) ❶   2) ❷   3) ❸
   4) ❶   5) ❸   6) ❹

문법   P.17~20

✏️ **-에 대해서**
1 ❶ 새해 결심에 대해서
   ❷ 축구에 대해서
   ❸ 한국 역사에 대해서
   ❹ 고려대학교에 대해서

✏️ **-기 위해서, -을/를 위해서**
1 ❶ 하기 위해서
   ❷ 되기 위해서
   ❸ 다이어트를 위해서 / 살을 빼기 위해서
   ❹ 앉기 위해서
   ❺ 상을 위해서 / 상을 받기 위해서
   ❻ 보기 위해서

✏️ **-아/어/여도**
1 ❶ 바빠도 운전면허를 딸 거예요.
   ❷ 부모님이 반대하셔도 여행을 꼭 여행을 갈 거예요.
   ❸ 많이 먹어도 살이 찌지 않아요.
   ❹ 삼십 분이 지나도 안 왔어요. /
     삼십 분이 지나도 안 와서 늦었어요.

✏️ **-기**
1 ❶ 대학교에 진학하기
   ❷ 열심히 운동해서 살 빼기
   ❸ 꼭 청소하기
   ❹ 제주도에 가기 / 제주도에 가 보기

말하기 연습   P.21~22
1 1) 취직하기 위해서
      취직 준비에 대해서
   2) 봉사 활동을 할 계획이야. /
      봉사 활동을 할 생각이야.
      아파도 / 불편해도

   3) 이 계획들을 잘 지키고 있어요?
      '담배 끊기'예요. / 담배를 끊는 거요.

읽기 연습   P.23
1 1) ❸
   2)

언제	목표	무엇을 했습니까?
대학에서 한국어를 공부할 때	한국어를 잘하기 위해서	한국으로 유학 가기
학원에서 한국어를 가르칠 때	한국어를 잘 가르치기 위해서	한국에서 배운 방법으로 가르치기
지금	한국어 교육을 더 공부하기 위해서	대학원에 진학하기

쓰기 연습   P.24~25
1 1) 장학금을 타기 / 장학금을 타는 것
   2) 수업 시간에 지각하지 않고 한국어 책을 한 달에 1권씩 읽을 것입니다. 매일 한국 친구와 1시간 이상 이야기하면서 한국어 말하기를 연습할 것입니다.
   3) 저는 새 학기에 꼭 이루고 싶은 목표가 있습니다. 그것은 장학금을 타는 것입니다. 장학금을 타기 위해서 저는 몇 가지 계획을 세웠습니다.
       첫째, 매일 한국어로 일기 쓰기입니다. 매일 일기를 쓰면서 쓰기 연습도 하고 하루 일을 다시 생각해 보는 시간을 가지려고 합니다. 둘째, 매일 단어를 10개씩 외울 것입니다. 한국어를 조금 알기는 하지만 단어 실력이 늘면 제가 하고 싶은 이야기를 더 잘 할 수 있을 것입니다. 셋째, 수업 시간에 지각하지 않을 것입니다. 장학금을 타기 위해서는 수업에 지각하거나 결석을 하면 안 됩니다. 넷째, 아무리 바빠도 한국어 책을 한 달에 1권씩 읽을 것입니다. 한국어 책을 읽으면서 단어 실력도 늘리고 읽기 실력도 늘릴 수 있을 것입니다. 마지막으로 매일 한국 친구와 1시간 이상 이야기하는 것입니다. 배운 단어나 표현들을 사용하면서 발음도 연습하려면 한국 친구를 자주 만나야 합니다.
       장학금을 타기 위해서 저는 아무리 힘들어도 이 다섯 가지 계획을 꼭 지킬 것입니다.

제2과 요리

어휘와 표현　　P.28
1. ① 자르세요. / 써세요.　② 찌세요.
   ③ 데치세요.　④ 부치세요.
   ⑤ 볶으세요.　⑥ 조리세요.

문법　　P.29~31
 -(으)로
1. ① 로　② 에
   ③ 에　④ 으로
   ⑤ 하고　⑥ 로

 -다가
1. ① 볶다가
   ② 넣었다가 / 넣어 두었다가 / 넣어 놓았다가
   ③ 맑다가
   ④ 오다가

-아/어/여 놓다/두다
1. ① 깎아 놓으세요. / 깎아 두세요.
   ② 뿌려 놓으세요. / 뿌려 두세요.
   ③ 만들어 놓으세요. / 만들어 두세요.
   ④ 담가 놓으세요. / 담가 두세요.
   ⑤ 씻어 놓고 / 정리해 놓고
   ⑥ 열어 놓았어요. / 열어 두었어요.

말하기 연습　　P.32~33
1. 1) 칼로 썰어서
      불에 구워서
   2) 해 놓았다가 / 해 두었다가
      넣어 두어야 해? / 넣어 놓아야 해?
      살찔까 봐
   3) 양고기로 만들어.
      먹다가

읽기 연습　　P.34
1. 1) ②　2) ③

쓰기 연습　　P.35~36
1. 1) 해물 파전 / 오징어 부침

2) (2) 오징어와 새우 그리고 파를 적당한 크기로 썰어 놓으세요.
   (3) 밀가루, 계란, 물을 넣어 반죽을 만들고 그 안에 썰어 놓은 재료들을 넣으세요.
   (4) 프라이팬에 기름을 넣고 반죽을 넣고 부치세요.
   (5) 반죽이 익기 시작하면 불을 약하게 줄이세요.
   (6) 한쪽이 다 익으면 뒤집어서 반대쪽도 익히세요.

3) 해물 파전이에요. 먼저 오징어, 새우와 파를 깨끗이 씻고, 씻어 놓은 재료들을 적당한 크기로 썰어 놓으세요. 이제는 반죽을 만들어야 해요. 밀가루, 계란, 물을 넣어 잘 풀어서 반죽을 만들고 그 안에 썰어 놓은 재료들을 모두 넣으세요. 다음에는 프라이팬에 기름을 넣고 반죽을 넣고 부치세요. 반죽이 조금씩 익기 시작하면 불을 약하게 줄이세요. 그리고 한쪽이 다 익으면 뒤집어서 반대쪽도 익히세요.
별로 어렵지 않죠? 한번 해 보시고, 맛이 어떤지 나중에 선생님한테 알려 주세요.

제3과 소식·소문

어휘와 표현　　P.40
1. ① 입원했어요. / 입원했다고 해요.
   ② 결혼했어요. / 결혼했다고 해요.
   ③ 졸업했어요. / 졸업했다고 해요.
   ④ 퇴원했어.
   ⑤ 청혼했어요.
   ⑥ 휴학했어요.

문법　　P.41~44
-다고 하다
1. ① 바쁘다고 해요.
   ② 다쳤다고 해요.
   ③ 좋아한다고 해요.
   ④ (농구) 선수였다고 해요.
   ⑤ 오른다고 해요. / 오를 거라고 해요.
   ⑥ 읽는다고 해요.

-냐고 하다

1
① 안 왔냐고
② 사귀냐고
③ 아프냐고
④ 좋냐고
⑤ 있냐고

-자고 하다

1
① (놀러 / 여행) 가자고
② (시작)하자고
③ 보자고 / 보러 가자고
④ 가자고
⑤ 살자고

-(으)라고 하다

1
① 연락하라고 / 연락해 달라고
② 지내라고
③ 말하라고 / 이야기하라고
④ 가라고
⑤ 전해 주라고

말하기 연습 P.45

1 1) 사 달라고
진짜요? / 정말요?

2) 갔다고
(그런) 소문이 난 것 같아.

3) 달라졌다고 하는
같이 가자고

읽기 연습 .... P.46~47

1 1) ③

2) (1) ○   (2) ○   (3) ×

쓰기 연습 P.48

1 1) (2) 오늘 회의가 일찍 끝난다고 해서 12시에 약속을 했다.

(3) 서울식당 삼계탕이 맛있다고 해서 점심을 먹으러 서울식당에 갔다.

(4) 오늘까지 백화점 세일이라는 얘기를 들어서 회사 근처 백화점에 갔다.

2) 어제 일기예보에서 오늘 하루 종일 비가 내릴 거라고 해서 우산을 가지고 출근했다. 하지만 이 일기를 쓰는 지금까지 비는 한 방울도 안 내리고 있다. 또 아침에 김 과장님께서 오늘 회의는 일찍 끝날 거라고 하셔서 12시에 회사 앞에서 친구를 만나 같이 점심을 먹기로 했다. 그런데 회의가 너무 늦게 끝나서 약속을 지킬 수 없었다. 늦은 점심을 먹기 위해서 회사 동료들과 함께 서울식당에 갔다. 같이 간 동료들이 삼계탕이 맛있다고 해서 주문했는데 그 삼계탕은 내가 먹어 본 것 중 가장 맛없는 삼계탕이었다. 퇴근 후에 백화점에서 세일을 한다고 해서 근처 백화점에 들렀다. 마음에 드는 지갑이 있어 사려고 했는데 가격이 너무 비쌌다. 지금 세일 기간이 아니냐고 물었더니 세일은 어제 끝났다고 했다.

제4과 성격

어휘와 표현 P.52

1
① 성격이 급해서   ② 고집이 세서
③ 꼼꼼해서   ④ 털털해서
⑤ 내성적이라서   ⑥ 덤벙대서

문법 .... P.53~56

-잖아요

1
① 느긋하잖아.
② 좋아하잖아요. / 싫어하지 않잖아요.
③ 많잖아.
④ 생일이잖아요.
⑤ 안 남았잖아요.
⑥ 일했잖아요.

-지 못하다

1
① 점심을 먹지 못했어요.
② 어울리지 못했어요.
③ 보지 못했어요.
④ 있지(를) 못해요.
⑤ 치지(는) 못해요.
⑥ 청혼하지 못했어요. / 말하지 못했어요.

아무 –(이)나
1
① 아무하고나
② 아무 거나 / 아무 옷이나
③ 아무 때나
④ 아무한테나
⑤ 아무 데서나
⑥ 아무나

–(으)ㄹ 정도
1
① 잊어버릴 정도로 / 잊을 정도로
② 말하지 못할 정도로
③ 올 정도로
④ 날 정도였어요.

말하기 연습 P.57
1 1) 부지런한
   까닥 안 할 정도로
2) 겉으로 보기에(는)
3) 어울려요. / 어울리는 편이에요.
   소극적이라서

읽기 연습 P.58
1 1) ③
2)

언제	과거의 성격	성격을 바꾼 방법	현재의 성격
김희수	내성적이고 조용함.	동호회 가입.	활발함.
유지혜	소극적임.	무용을 배움.	적극적이고 사교적임.

쓰기 연습 P.59~60
1 1) (1) 아버지: 하는 일에 실수가 거의 없는 편이시다.
   (2) 어머니: 결혼 전에 아버지에게 매일 편지를 할 정도로 적극적이시다. 그리고 성격이 급해서 무슨 일이든지 빨리 하신다.
   (3) 여동생: 이기적이라서 자기밖에 모르고 다른 사람과 잘 어울리지 못한다. 그렇지만 성실해서 약속 시간을 잘 지키고 숙제는 꼭 해 간다.
   (4) 철민 씨: 게을러서 숙제를 잘 미루고 일찍 일어나는 걸 싫어한다. 그렇지만 친구가 많고 아무 데서나 잘 잘 정도로 털털하다.
2) 그리고 꼼꼼하셔서 하는 일에 실수가 거의 없는 편이시다. 그렇지만 우리 어머니는 이와는 반대의 성격이시다. 꼼꼼하게 일을 하는 것보다 빨리 일을 끝내시는 것을 좋아하신다. 또한 내성적인 아버지와는 다르게 적극적이셔서 결혼을 할 때도 아버지에게 매일 편지를 쓰시면서 사랑을 표현하셨다고 한다. 이러한 아버지와 어머니 사이에서 태어난 나와 내 여동생은 각각 어머니와 아버지를 조금 더 많이 닮았다. 내 동생은 다른 사람과 잘 어울리지 못하는 편인데 내가 볼 때는 이기적인 성격 때문인 것 같다. 하지만 성실해서 약속도 잘 지키고 숙제도 제시간에 잘 낸다. 어머니를 닮은 나는 털털하고 게으르다. 숙제도 제시간에 내 본적이 없고 아침에도 항상 늦게 일어난다. 하지만 아무하고나 잘 어울려서 친구가 많은 편이다.

제5과 생활 예절

어휘와 표현 P.64~65
1 ② ⓒ ③ ⓑ ④ ⓕ
   ⑤ ⓓ ⑥ ⓐ

2
예의가 있다	예의가 없다
②, ③, ④	①, ⑤, ⑥

문법 P.66~69
–게 하다
1 ① 들어가게 해요. / 들어오게 해요.
② 화나게 하잖아요. ③ 웃게 하네요.
④ 기쁘게 하네요. ⑤ 보게 하면

– 줄 알다/모르다
1 ① 끝난 줄
② (휴대 전화를) 사용해도 되는 줄
③ 있는 줄 ④ 금연(지역)인 줄
⑤ 힘들 줄 ⑥ 복잡할 줄

✏️ -다면서요

1 ① 신을 벗고 들어간다면서요?
② 고개를 옆으로 돌린다면서요?
③ 된다면서요? / 괜찮다면서요?
④ 받아야 한다면서요?
⑤ 안 된다면서요? / 실례라면서요?
⑥ 앉으면 안 된다면서요?

✏️ -(으)ㄹ 텐데요

1 ① 있을 텐데요.
② 화를 낼 텐데요. / 싫어할 텐데요.
③ 좋을 텐데요.
④ 걸릴 텐데요.
⑤ (많이) 할 텐데요.
⑥ 불편할 텐데요.

말하기 연습 P.70

1 1) 모자를 쓰면 안 돼요. / 모자를 쓰면 실례예요.
있는 줄 몰랐어요.
2) 서야 하는 줄 모르는 것 같아.
3) 예의를 모르는 것 같아요. / 예의가 없어요.
사람을 위해 / 사람을 배려해서 /
사람을 생각해서

읽기 연습 P.71

1 1) (1) ○   (2) ×   (3) ○
2) ❸

쓰기 연습 P.72~73

1 1) (2) 옆 사람과 계속 이야기를 했다.
(3) 앞 사람의 의자를 발로 찼다.
(4) 사진을 찍었다.
(5) 영화가 시작했는데 들어왔다.
2) 두 남녀가 영화는 보지 않고 계속 서로 이야기해서 짜증이 났다.
앞 사람의 의자를 발로 차는 옆 사람 때문에 너무나 신경이 쓰였다.
사진을 찍는 사람 때문에 영화에 집중할 수가 없었다.
영화가 시작했는데 들어온 사람 때문에 영화가 보이지 않았다.
3) 그런데 또 옆에 앉은 두 남녀가 영화는 보지 않고 계속 이야기를 해서 더욱 짜증이 났다. 그래도 꾹 참고 영화를 보고 있었는데 이번에는 왼쪽에 앉은 남학생이 계속 앞 좌석을 발로 차서 신경이 쓰이게 했다. 그리고 뒤에 앉은 어떤 사람은 여자 배우가 화면에 나오면 갑자기 사진을 찍었다. 그래도 영화를 끝까지 보려고 남아 있었는데 늦게 들어온 어떤 남자가 맨 앞줄로 천천히 걸어가서 영화를 제대로 볼 수 없게 했다. 오랜만에 영화를 재미있게 보고 싶었는데 예의가 없는 사람들 때문에 영화도 제대로 못 보고 기분만 나빠졌다. 사람들이 공공장소에서는 좀 예의를 지켜 주면 좋을 텐데, 많이 아쉬운 하루였다.

종합 연습 Ⅰ P.74~80

1 1) ❸   2) ❸   3) ❹
2 1) ❸   2) ❷   3) ❹
3 1) 삶아 놓았어요. / 삶아 두었어요.
2) 느긋하게
3) 이혼했다고 해요. / 이혼했잖아요.
4 1) ❶   2) ❷   3) ❸
5 1) 나가라고 해서요.
2) 생각할 정도예요.
3) 매울 텐데요.
6 1) 수미 씨가 이사를 도와 달라고 부탁했어요.
2) 우리 언니는 질서를 안 지키는 것을 보면 참지 못해요.
3) 영수 씨가 교통사고가 나서 병원에 입원했다고 해요.
7 1) 아무 데(서)나
2) 어쩐지. / 그럴 줄 알았어요.
3) 찍게
8 1) 탈 줄 모르잖아요.
세웠어요.
2) (똑)같다고 해요.
소문이 났을까요?
9 1) 나 – (라) – (다) – (가)
2) 라 – (나) – (마) – 다 – (가) – (바)

10 1) 어른 앞에서 담배를 피우는 행동
   2) 이기적입니다.
11 1) 계획
   2) ❷
12 1) ❷   2) ❷   3) ❸

제6과 미용실

어휘와 표현   P.84
1 ❶ 염색했어요.   ❷ 다듬었어요.
  ❸ 묶어 주세요.   ❹ 파마했어요.
  ❺ 발라요.
  ❻ 층을 낸 거예요. / 층을 냈어요.

문법   P.85~88
-게
1 ❶ 짧게   ❷ 자연스럽게
  ❸ 진하게   ❹ 빨리
  ❺ 맛있게   ❻ 많이

-아/어/여 보이다
1 ❶ 어려 보여요?   ❷ 촌스러워 보여요.
  ❸ 피곤해 보여요. ❹ 우아해 보여.
  ❺ 멋있어 보여요. ❻ 좋아 보여요?

-던데요
1 ❶ 잘하던데요.
  ❷ 어렵던데요. / 힘들던데요.
  ❸ 말리고 있던데요.
  ❹ 유행이라고 하던데.
  ❺ 잘생겼던데요.
  ❻ 피곤하던데요.

ㅎ 불규칙
1 ❶ 동그래서   ❷ 그렇게
  ❸ 하얗게   ❹ 빨개서
  ❺ 까맣게   ❻ 하얘졌어요.

말하기 연습   P.89
1 1) 깔끔해 보여요.
  2) 귀여워 보일 거야.

  굵게 말아 달라고 / 자연스럽게 해 달라고
 3) 염색을 하고 싶어요. / 염색해 주세요.
   까맣게 염색하면 / 까마면

읽기 연습   P.90
1 1) ❸   2) ❸

쓰기 연습   P.91~92
1 1) 아이코 씨는 얼굴이 조금 긴 편이고 머리도 긴 생머리이다. 앞머리는 길게 옆으로 넘겼고 머리는 검정색이다. 그래서 전체적으로 까만색 긴 머리가 조금 무거워 보이고 얼굴도 더 길어 보인다.
  2) 우선 아이코 씨는 얼굴이 기니까 앞머리를 앞으로 내리는 게 좋을 것 같다. 그리고 밝은 갈색으로 염색을 하면 얼굴이 조금 밝아 보일 것이다. 그리고 머리를 파마하면 얼굴이 옆으로 퍼져 보여서 얼굴이 덜 길어 보일 것이다.
  3) 너는 지금 머리가 긴 생머리잖아. 그리고 앞머리도 옆으로 넘겨서 좀 답답해 보이는 것 같아. 그러니까 앞머리는 짧게 잘라서 앞으로 내리고 머리도 조금 자른 후에 자연스럽게 파마를 해 봐. 그러면 얼굴이 옆으로 퍼져 보이는 효과 때문에 얼굴도 길어 보이지 않고 더 귀여워 보일 거야. 참, 그리고 지금 머리 색깔이 검정색이라서 너무 무거워 보이니까 밝은 색으로 염색하면 훨씬 가볍고 시원해 보일 것 같아. 예쁘게 머리하고 보여 줘.

제7과 한국 생활

어휘와 표현   P.96~97
1 ❷ ⓔ   ❸ ⓐ   ❹ ⓕ
  ❺ ⓑ   ❻ ⓓ
2 ❶ 부지런해서   ❷ 정이 많아서
  ❸ 잘 뭉치는   ❹ 성격이 급해서
  ❺ 흥이 많아서   ❻ 유행에 민감해서

문법   P.98~101
-아/어/여서 그런지
1 ❶ 와서 그런지 / 내려서 그런지

❷ (많이) 받아서 그런지
❸ 안 맞아서 그런지 / 맞지 않아서 그런지
❹ 처음이라서 그런지 / 익숙하지 않아서 그런지
❺ 많이 먹어서 그런지 / 늦게 먹어서 그런지
❻ 봐서 그런지

-나 보다, -(으)ㄴ가 보다
1 ❶ 싼가 봐요. ❷ 바쁜가 봐요.
❸ 없나 봐요. ❹ 못 봤나 봐요.
❺ 졸업식인가 봐요. ❻ 불고기인가 봐요.

-거든요
1 ❶ 잘 맞거든요.
❷ 생일이거든요.
❸ 불편하거든요. / 낯설거든요.
❹ 쇼핑을 했거든요.
❺ 불편했거든요. / 답답했거든요.
❻ 만났거든요.

-(으)ㄹ 겸
1 ❶ 만날 겸
❷ 할 겸
❸ 여쭤볼 겸 / 물어볼 겸
❹ 받을 겸
❺ 벌 겸
❻ 뺄 겸

말하기 연습 P.102~103
1 1) 힘들었거든요. / 못 알아들었거든요.
 이제 두 번째 학기라서 그런지 /
 이제 시간이 좀 지나서 그런지
2) (기분 전환도 하고) 구경도 할 겸 /
 (구경도 하고) 기분 전환도 할 겸
 유행에 민감한가 봐요. /
 유행을 따라 하는 걸 좋아하나 봐요.
3) 슬럼프인가 봐.
 외로운가 봐. / 힘든가 봐.

읽기 연습 P.104
1 1) 한국 학생들도 들어가기 힘든 한국대학교에 입학했기 때문에

2) ❶ 3) ❹

쓰기 연습 P.105~106
1 1)

	하숙집에서 있었던 일	지하철역에서 있었던 일
무슨 일	아주머니가 손으로 김치를 집어 줬다.	지하철에 사람이 너무 많았다.
어떻게	손으로 김치를 만진 게 싫어서 김치를 안 먹었다.	사람이 너무 많아 지하철을 타지 못하고 고민하고 있었는데 다른 사람이 밀어 줘서 지하철을 힘들게 탔다.

2)

	하숙집에서 있었던 일	지하철역에서 있었던 일
무슨 일	하숙집 후배 앞에서 손으로 김치를 집어 먹었다.	사람이 많은 지하철도 아주 편하게 잘 탔다.

3) 아주머니가 갑자기 손으로 김치를 집어 주면서 맛있다고 먹으라고 하셨다. 김치를 좋아하지만 아주머니가 손으로 만진 게 싫어서 김치를 못 먹는다고 거짓말을 했다. 젓가락이 있는데 왜 손을 사용하는지 이해하기 어려웠다. 다음 날은 학교에 가려고 지하철역에 갔는데 지하철에 사람이 너무 많았다. 혼자서 타지 못하고 고민하고 있었는데 갑자기 어떤 사람이 밀어 줘서 힘들게 지하철에 탈 수 있었다. 지각을 안 해서 좋았지만 다른 사람이 내 몸에 손을 댔다는 것에 약간 기분이 나빴다. 이렇게 처음에는 한국 생활에 익숙하지 않아서 모든 것이 너무 힘들었는데, 이제 한국에 온 지 6개월이 지난 지금은 한국 생활에 아주 익숙해져서 내가 먼저 김치도 손으로 집어 먹고, 사람이 많은 지하철도 혼자 잘 탈 수 있게 되었다. 내가 김치를 먹을 때나 지하철을 탈 때 나를 신기하게 바라보는 고향 후배의 모습을 보면 6개월 전의 내 모습이 떠올라 무척 재미있다.

제8과 분실물

어휘와 표현 — P.110~111

1 ① ⓑ ③ ⓔ ④ ⓒ
　　⑤ ⓐ

2 ① 주워서 ② 잃어버린
　　③ 빠졌나 봐요. ④ 두고

문법 — P.112~114

-만 하다

1 ① 사전만 해요.
　　② 손바닥만 해요.
　　③ 배낭만 해요.
　　④ 저만 해요.
　　⑤ 운동장만 해요.

-자마자

1 ① 잃어버리자마자 / 잃어버린 걸 알자마자
　　② 가자마자
　　③ 받자마자
　　④ 일어나자마자
　　⑤ 내리자마자
　　⑥ 끝나자마자

-(이)라도

1 ① 지갑이라도 ② 여권이라도
　　③ 찾아보기라도 ④ 먹어 보기라도

말하기 연습 — P.115~116

1 1) 흘렸나 봐.
　　　선물을 받자마자
　　2) 크기가 얼마만 해요?
　　　달려 있어요.
　　3) 두고 내린 적이 있어요. /
　　　놓고 내린 적이 있어요.
　　　오자마자 / 도착하자마자

읽기 연습 — P.117

1 1) ④　　2) ②

쓰기 연습 — P.118~119

1 1) 배낭
　　2) 미국에서 한국으로 올 때
　　3) 한국으로 오는 비행기 안에서 좌석 밑에 두고 그냥 내림.
　　4) 천으로 만든 주황색 배낭, 물방울무늬이고 앞에 끈이 있고 주머니가 두 개 달려 있음.
　　5) 잃어버린 장소는 시카고에서 5일 17시에 출발해서 6일 19시에 인천공항에 도착한 KE 703 비행기 안이었습니다. 비행기 안에 탔을 때 노트북 가방이랑 배낭을 좌석 밑에 두었는데, 노트북만 챙기다가 배낭은 좌석 밑에 두고 내렸습니다. 잃어버린 배낭은 천으로 만든 주황색 배낭인데, 무늬는 물방울무늬이고, 배낭 앞에 끈이 달려 있고 주머니도 두 개 있습니다. 항공사에는 연락했는데, 공항 분실물센터에 연락을 해 보라고 합니다. 제 휴대 전화 번호는 010-1234-5678입니다. 연락 기다리고 있겠습니다. 감사합니다.

제9과 연애·결혼

어휘와 표현 — P.122~123

1 ② ⓒ ③ ⓐ ④ ⓓ
　　⑤ ⓕ ⑥ ⓔ

2 ① 짝사랑해요?
　　② 따라다녔어요.
　　③ 사랑을 고백했어요.
　　④ 사랑에 빠졌네요.
　　⑤ 바람을 피웠어요. / 바람을 피웠다고 해요. / 바람을 피운 것 같아요.
　　⑥ 헤어졌어요.

문법 — P.124~126

만에

1 ① 1분 만에 ② 보름 만에
　　③ 한 달 만에 ④ 6개월 만에
　　⑤ 1년 만에 ⑥ 5년 만에

-(으)ㄹ수록

1 ① (보면) 볼수록

정답 **223**

❷ (살면) 살수록
❸ (지나면) 지날수록
❹ (읽으면) 읽을수록 / (보면) 볼수록
❺ (많으면) 많을수록
❻ 친한 친구일수록 / (친하면) 친할수록 / (가까우면) 가까울수록

✏️ -던
1 ❶ 있던 / 지내던
❷ 좋아하던 / 짝사랑하던
❸ 다니던
❹ 먹던
❺ 살던
❻ 잘 못하던 / 어려워하던 / 힘들어하던

말하기 연습 P.127~128
1 1) 얼마 만에 / 몇 년 만에
캠퍼스 커플
잘 맞겠네요. / 잘 통하겠네요.
2) 선 본 / 소개팅한
마음에 들었어요?
3) 못 보던
독신주의(자)

읽기 연습 P.129
1 1) ❹
2) (1) ✕   (2) ◯   (3) ◯

쓰기 연습 P.130~131
1 1) (1) 최지철: 적극적이고 활발한 성격이라서 인기가 많다. 경제력을 중요하다고 생각하지 않는다.
(2) 김민준: 가정 환경이 좋고 자신의 능력을 키우기 위해서 항상 노력한다. 조금 내성적이기는 하지만 착하고 자상한 성격이다.
2) 내가 너에게 소개해 주려는 친구는 두 명인데 둘 다 너하고 잘 어울릴 것 같아. 더 마음에 드는 친구를 먼저 소개해 줄게.
 지철 씨는 키도 크고 잘생겨서 사람들에게 인기가 많아. 성격도 활발하고 적극적이라서 만날수록 좋아질 거야. 하지만 경제력은 별로 중요하다고 생각하지 않는 게 배우자로서는 좀 단점이야. 그리고 직업이 화가라서 그런지 조금 고집도 세고 이기적인 편이야.
 반면에 민준 씨는 키랑 외모는 보통이지만 성격이 착하고 남을 배려할 줄 아는 자상한 사람이야. 또 사랑이 많은 가정에서 자라서 그런지 가족을 아주 중요하게 생각하고 자기 능력을 키우기 위해 계속 노력하고 있어. 내 생각에는 네가 민준 씨와 더 잘 어울릴 것 같은데 넌 어때?
 누가 더 마음에 드는지 알려 주면 내가 소개팅 자리를 한번 만들어 볼게. 그럼 답장 기다릴게.
안녕.

제10과 선물

어휘와 표현 P.134
1 ❶ 돌   ❷ 성년의 날
❸ 결혼기념일   ❹ 스승의 날
❺ 집들이

문법 P.135~137
✏️ -(으)려다가
1 ❶ 사려다가
❷ 만들려다가
❸ 읽으려다가
❹ 만나려다가
❺ 하려다가
❻ 타려다가

✏️ -지 알다/모르다
1 ❶ 해야 할지 모르겠어요. / 줘야 할지 모르겠어요.
❷ 맛있는지 모르겠어요.
❸ 읽었는지 모르겠어요.
❹ 잘 먹는지 모르겠어요. / 좋아하는지 모르겠어요.
❺ 뭔지 알아요?
❻ 바쁜지 알아요?

-도록 하다

1
① 읽어 보도록 하세요.
② 가도록 할게요.
③ 전하도록 할게요. / 전해 주도록 할게요.
④ 입도록 하세요.
⑤ 오도록 하세요.
⑥ 열도록 하세요.

말하기 연습   P.138~139

1 1) 어떤 선물을 주는지 알아요? /
  어떤 선물을 해요?
  붙으라는 / 합격하라는
2) 사려다가
  그런 의미가 있는지
3) 부담스러워하실
  사도록 해요.

읽기 연습   P.140
1 1) ❷   2) ❹

쓰기 연습   P.141
1 1) 초록색을 좋아하는 남자 친구에게 잘 어울릴
  것 같아서
2) 그 모자를 쓰면 다른 중국 사람들이 여자 친구
  가 바람을 피운다고 생각할 거라는 생각도 들
  고 그 모자를 안 쓰면 여자 친구가 서운해할
  거라는 생각도 들었다.
3) 크리스마스 때 나는 여자 친구에게 아주 예쁜
  초록색 야구 모자를 선물로 받았다. 내가 초록
  색을 좋아해서 그 모자가 나에게 잘 어울릴 것
  이라고 생각했다고 했다. 여자 친구에게 고맙
  다고 말하고 웃으면서 그 선물을 받기는 했지
  만 나는 그 선물을 받을 때부터 고민이 되기
  시작했다. 왜냐하면 중국에서는 남자가 초록
  색 모자를 쓰고 다니면 그 부인이 바람을 피운
  다는 의미가 있기 때문이다. 그렇다고 만일 내
  가 그 모자를 안 쓰고 다니면 여자 친구가 서
  운해할 것 같아서 고민하다가 결국 여자 친구
  에게 모든 걸 다 이야기했다. 그 이야기를 들
  은 여자 친구는 처음에는 깜짝 놀라면서 미안
  하다고 했다.

서로 문화가 다른 사람끼리 선물을 주고 받을 때는 상대방 나라의 선물 문화에 대해 더 많이 알아봐야 한다는 것을 느끼게 해 준 일이었다.

종합 연습 II   P.142~149

1 1) ❹   2) ❸   3) ❸
2 1) ❷   2) ❶   3) ❸
3 1) 흘렸나 봐.   2) 정이 많아서
  3) 경제력이 있어야
4 1) ❷   2) ❸   3) ❶
5 1) 이야기가 잘 통하던
  2) 차분하게 준비하도록 하세요.
  3) 낯선가 봐요.
6 1) 어제 선을 본 남자의 머리가 농구공만 했어요.
  2) 가죽 가방을 사려다가 천으로 만든 가방을 샀어요.
  3) 쇼핑도 하고 차도 마실 겸 내일 명동에 갔어요.
7 1) 환자 같아 보였어요. / 아파 보이던데요.
  2) 이거라도 같이 먹을래?
  3) 중요한지
8 1) 만이야
  의식하지 않(고 사)는 것 같아.
  2) 선물을 해야 할지 모르겠어.
  사 (드리)려다가
  써야 할지
9 1) 라 – (나) – (다) – (가)
  2) 바 – (마) – (다) – (가) – (나) – (라)
10 1) 문화도 다르고 말도 안 통(해서 너무 답답)한
  2) 기분 전환을
11 1) ❹   2) ❷
12 1) ❷   2) 속도위반   3) ❷

제11과 사건·사고

어휘와 표현   P.152
1 ① 건물이 타서
  재산 피해를 입었습니다.
② 숨진
③ 실종되었다.
④ 부상을 당해서

정답 **225**

문법   P.153~155

-는 바람에
1. ① 넘어지는 바람에
   ② 추락하는 바람에
   ③ 도착하는 바람에 / 가는 바람에
   ④ 고장 나는 바람에
   ⑤ 조는 바람에

-(으)로 인해서
1. ① 화재(사고)로 인해서
   ② 졸음운전으로 인해서
   ③ 부주의로 인해서
   ④ 스트레스로 인해서
   ⑤ 음주 운전으로 인해서
   ⑥ 감기로 인해서

피동 표현
1. ① 열려 있었습니다
   ② 켰습니다
   ③ 깨져 있었습니다
   ④ 찢어졌습니다
   ⑤ 끊겨 있었습니다
   ⑥ 잡혀서

말하기 연습   P.156~157
1. 1) 물려서
      열려 있어서
   2) 침몰했다고 해요.
      실종되어서
   3) 교통사고가 나는 바람에
      충돌했는데
      졸음운전으로 인해서 / 졸음운전 때문에

읽기 연습   P.158
1. 1) ③
   2)

언제	어디에서	누가	무엇을 어떻게 하다
12일 새벽 0시 35분쯤	서울 지하철 2호선 역 승강장에서	모 대학 신입생 한모(19) 양	전동차에 치여 그 자리에서 숨짐.

쓰기 연습   P.159
1. 1) 음주 운전으로 (인해) 운전자 사망
   2) 21일 오후 1시쯤 서울에서 광주로 가는 고속도로에서 사고가 발생했다. 광주시 북구 용봉동에 사는 조모(71세) 씨가 술을 마시고 고속도로에서 운전하다가 길가의 나무와 부딪쳐 차 앞 유리가 깨지고 운전자 조모 씨는 그 자리에서 사망했다. 한편 이 음주 운전으로 조모 씨와 같이 차에 타고 있던 김모 씨는 부상을 당해 (인근) 병원으로 옮겨져 치료 중이다. 경찰은 현재 정확한 사고 경위를 조사 중이다.

제12과 실수·후회

어휘와 표현   P.162
1. ① 딴 생각을 하지 마세요.
   ② 한눈팔지 마세요.
   ③ 정신 좀 차리세요.
   ④ 신경 좀 쓰세요.

문법   P.163~166

-느라고
1. ① 떠느라고   ② 노느라고
   ③ 요리를 하느라고   ④ 이사를 하느라고

-(으)ㄹ 뻔하다
1. ① 쏟을 뻔했어(요).
   ② 넘어질 뻔했어(요).
   ③ 날 뻔했어요.
   ④ 탈 뻔했어요.
   ⑤ 잃을 뻔했어요. / 못 찾을 뻔했어요.
   ⑥ 죽을 뻔했어요.

-(으)ㄴ 채
1. ① 신은 채   ② 낀 채 / 한 채
   ③ 입은 채   ④ 연 채 / 열어 둔 채
   ⑤ 앉은 채

-(으)ㄹ걸 그랬다
1. ① 일찍 잘걸 그랬어요. / 쉴걸 그랬어요.
   ② 사 놓을걸 그랬어요.

❸ 깨울걸 그랬어요.
❹ 참을걸 그랬어요.
❺ 볼걸 그랬어요.
❻ 공부할걸 그랬어요.

말하기 연습
P.167~168

1 1) 보내는 바람에 / 보내느라고
   신경을 쓸걸 그랬어요.
2) 헤어질 뻔했어요.
   가진 채 / 가지고
   하지 말걸 그랬어요.
3) 한국어 공부를 하느라고
   볼걸 그랬어요.

읽기 연습
P.169

1 1) ❹   2) 없애다 / 줄이다

쓰기 연습
P.170

1 1) 대학원을 졸업하고 아나운서가 되는 것
2) 일본에서 온 남자 친구가 청혼을 해서 일본으로 돌아가 결혼하느라고
3) 대학원을 졸업하지 못해 아나운서가 되고 싶었던 꿈을 이루지 못한 것을 후회한다.
4) 나의 꿈은 능력 있는 아나운서가 되는 것이었다. 그래서 열심히 대학원 공부를 했다. 그런데 일본에서 사귀던 남자 친구가 한국에 와서 청혼을 했고 나는 학교 공부가 1년이나 남아 있었는데 공부도 마치지 않은 채 그 청혼을 받아들였다. 남자 친구와 결혼하느라고 일본에 일찍 돌아온 나는 결혼 후에 바로 아이를 낳았고 그냥 주부로서 살고 있다. 가끔 그때 같이 공부했던 친구들이 모두 자기의 꿈을 이루었다는 이야기를 들을 때마다 대학원을 졸업한 후에 꿈을 이루고 나서 결혼할걸 그랬다는 후회가 자꾸 든다.

제13과 직장

어휘와 표현
P.174~175

1 ❶ 적성에 맞는
   ❷ 창조적인
   ❸ 전공을 살리는 데
   ❹ 발전 가능성이 많은
   ❺ 보수가 좋아서 / 보수가 좋기 때문에

2 ❶ 전망   ❷ 분위기
   ❸ 규모   ❹ 근무 시간
   ❺ 승진   ❻ 복지

문법
P.176~178

-다면
1 ❶ 많다면 / 많이 준다면
   ❷ 길다면
   ❸ 잘했다면
   ❹ 사장이라면
   ❺ 좋아한다면 / 원한다면
   ❻ 괜찮다면

-다 보니
1 ❶ 보다 보니
   ❷ 아프다 보니
   ❸ 지원하다 보니
   ❹ 이야기하다 보니
   ❺ 지내다 보니 / 살다 보니
   ❻ 만나다 보니

-지
1 ❶ 많은지 / 있는지
   ❷ 뭔지 / 무엇인지
   ❸ 없는지
   ❹ 좋은지 / 필요한지
   ❺ 언제인지

말하기 연습
P.179~180

1 1) 좋아하다 보니
   같다면
2) 보수가 많은지
   많은 것 같아.
3) 가야 할지 고민이에요. /
   정해야 할지 고민이에요.
   생각한다면

읽기 연습 — P.181

1 1) 직장 동료와의 관계

2)

현재 직장에 대한 만족도	31%
직장에 만족하는 이유	동료와의 편한 관계, 업무, 근무 조건, 회사 위치, 발전 가능성
직장에 만족하지 못하는 이유	불확실한 복지 제도, 불편한 인간관계

3) 직원들 사이의 관계가 좋아질 수 있도록 노력해야 한다.

쓰기 연습 — P.182~183

1 1) (2) 창의적인 일을 하는 것이 어렵기 때문에 정해진 방식대로 일하는 것이 좋다.

(3) 내 개인의 의견보다 전체의 의견을 따르는 편이라서 개인의 생각보다는 회사의 결정을 따르는 것이 편하다.

2) 무엇보다도 나는 성격이 꼼꼼하고 모험을 싫어하는 편이라서 안정적인 직장을 좋아하기 때문이다. 때로는 너무 엄격한 직장 분위기가 싫어서 광고 회사처럼 자유로운 출퇴근을 할 수 있는 직장이 좋을 수도 있지만 그래도 안정성이 더욱 중요한 것 같다. 그리고 나는 창의적인 일을 하는 것이 너무 어렵기 때문에 정해진 방식대로 일하는 것을 요구하는 직장이 어울릴 것 같다. 마지막으로 나는 개인의 의견보다는 전체의 의견을 따르는 편이라서, 개인의 생각보다는 회사의 결정을 따르는 것이 훨씬 편할 것 같다. 위 세 가지를 볼 때 나는 방송국이나 광고 회사보다는 공공 기관이나 학교를 선택하는 것이 올바른 결정이라고 생각한다.

제14과 여행 계획

어휘와 표현 — P.186

1 ❶ 알뜰하게   ❷ 고급스러운
❸ 환상적인   ❹ 여유로운
❺ 화려하게

문법 — P.187~189

✏️ -(으)ㄹ 만하다

1 ❶ 먹을 만했어요.
❷ 볼 만했어요.
❸ 묵을 만했어요.
❹ 지낼 만해요. / 살 만해요.
❺ 읽을 만했어요.
❻ 믿을 만한

✏️ -대요, -내요, -재요, -(으)래요

1 ❶ 좋대요.   ❷ 30만원이래.
❸ 여행 가재요.   ❹ 곳이내요.
❺ 가래요.

✏️ -는 대로

1 ❶ 도착하는 대로
❷ 받는 대로 / 확인하는 대로
❸ (돌아)오는 대로
❹ 보는 대로 / 받는 대로
❺ 켜지는 대로

말하기 연습 — P.190~191

1 1) 갈 만한 곳 / 가 볼 만한 곳
시작되는 대로
없을 거래. / 많지 않을 거래.

2) 물어보려고 하는데요. / 문의하려고 하는데요.
콘도가 좋겠네요.
언제 출발할 계획이세요?

3) 신혼여행은 어디로 갈 거예요?
별로예요.

읽기 연습 — P.192

1 1) (1) ✕   (2) ✕   (3) ○
2) ❶

쓰기 연습 — P.193~194

1 1) 보통이었다

2)

좋았던 것 (이유)	나빴던 것 (이유)
숙소 (조식과 서비스가 좋았다.) 센토사 섬 (볼 만한 것이 많았다.) 동물원 (신기한 동물들과 사진을 찍었다.)	싱가포르 음식 (잘 몰라서 주문하기 힘들었다.) 센토사 섬 (너무 커서 걸어 다니기 힘들었다.) 유람선 (사람도 많고 배도 작았다.) 쇼핑 센터 (물건은 많지만 너무 비쌌다.)

3) 싱가포르에서 가장 마음에 들었던 것은 숙소였습니다. 특급 호텔이어서 그런지 조식과 서비스가 아주 좋았습니다. 그런데 호텔 밖에서 싱가포르 음식을 주문할 때는 아는 음식이 없어서 조금 힘들었습니다. 그렇지만 해물 요리와 전통 요리는 괜찮은 편이었습니다.

싱가포르에서 가장 유명하다는 센토사 섬은 정말 커서 걸어서 다니기 힘들 정도였습니다. 그렇지만 볼 만한 것이 많아서 좋았습니다. 또 동물원도 구경했는데 동물원에서 신기하게 생긴 동물들과 사진을 찍을 수 있어서 정말 좋았습니다.

싱가포르에서 조금 실망했던 것은 유람선과 쇼핑 센터입니다. 유람선은 저녁에 타면 분위기가 좋다고 해서 예약을 했는데 배도 작고 사람도 많아서 별로였습니다. 그리고 쇼핑 센터에는 사고 싶은 물건들이 많았지만 모두 너무 비싸서 아무 것도 사지 못했습니다.

싱가포르는 다양한 사람들이 살고 있어서 여러 문화를 함께 느낄 수 있는 특별한 곳이었습니다. 앞으로 여행하실 분들에게 저의 짧은 여행 이야기가 도움이 되었으면 좋겠습니다.

제15과 명절

어휘와 표현 P.198
1 ① 고향에 내려간다.
② 차례를 지낸다.
떡국을 먹는다.
③ 세배를 드린다.
덕담을 하신다. / 덕담을 해 주신다.
④ 성묘를 하는

문법 P.199~202
-더라
1 ① 먹더라.
② 멋있더라. / 아름답더라. / 예쁘더라.
③ 끓이셨더라.
④ 쉽더라.
⑤ 시험이더라.
⑥ 늘었더라.

-까지
1 ① 성묘까지　② 선생님 가족까지
③ 청소까지　④ 꽃까지
⑤ 비까지

-는/(으)ㄴ데도
1 ① 바쁜데요 / 일이 많은데도
② (요리)했는데도 / 만들었는데도
③ 됐는데도 / 지났는데도
④ 일요일인데도
⑤ 먼데도
⑥ 추운데도

-(이)나
1 ① 윷놀이나
② 구경이나
③ (컴퓨터) 게임이나
④ 잠이나
⑤ 라면이나
⑥ 영화나

말하기 연습 P.203~204
1 1) 고향에 내려갈래요?
차례를 지내요.
떡국이에요.
2) 소원을 빌면
안 되더라
3) (특별한) 명절
가족까지 / 친척까지

읽기 연습　　　　　　　　　　P.205
1) 1) ❷
   2) (1) ✕　　(2) ✕　　(3) ○

쓰기 연습　　　　　　　　　　P.206
1) 1) 동지 이후 낮이 길어지기 때문에 해가 다시 찾아오는 날이라고 생각했다.
   2) (2) 팥죽을 먹는다.
      (3) 여기저기 팥죽을 놓아 붉은 색으로 귀신을 쫓는다.
   3) 12월 22일 또는 23일로서 1년 중에서 낮이 가장 짧고 밤이 가장 긴 날이다. 동지가 지나고 나면 다시 낮이 길어지기 때문에 사람들은 동지를 해가 다시 찾아오는 날이라고 생각했다. 이날에는 팥죽을 먹거나 여기저기에 팥죽을 놓는데 그 이유는 팥의 붉은 색깔이 귀신을 쫓을 수 있다고 믿었기 때문이다.

종합 연습 Ⅲ　　　　　　　　　P.208~215

1) 1) ❷　　2) ❹　　3) ❹
2) 1) ❶　　2) ❸　　3) ❷
3) 1) 당했어요.
   2) 적성에 맞아서
   3) 세배를 하고
4) 1) ❹　　2) ❷　　3) ❸
5) 1) 보수가 좋다 보니
   2) 실속이 있더라
   3) 한눈팔다가
6) 1) 유학 생활을 마치는 대로 고향에 돌아가서 취직할 거예요.
   2) 아줌마 같이 파마를 하지 말고 머리만 자를걸 그랬어요.
   3) 사실과 다른 나쁜 소문으로 인해서 상처를 받는 사람들이 늘고 있다.
7) 1) 먹느라고 조금 힘들었어요.
   2) 지킬 수 있는지
   3) 책만 한
8) 1) 깨졌어요.
   　난장판이 됐어요.
   2) 중요하게 생각했잖아.
   　보수가 좋아도
9) 1) 나 - (다) - (가) - (라)
   2) 다 - (사) - (마) - (나) - (바) - (아) - (가) - 라
10) 1) 회사를 옮기는
    2) 부상을 당해서 / 부상을 당하고
11) 1) ❷
    2) 실천하기 위해서
12) 1) ❸
    2) 하나의 일을 하면 두 가지의 좋은 점이 있다.
    3) ❸

집필위원	**장미경** (Chang, Mikyung)
	성신여자대학교 강사
	전 고려대학교 한국어문화교육센터 전임강사
	주요 논저: 한국어 교육의 연구 경향(공저)
	강현주 (Kang, Hyunju)
	고려대학교 한국어문화교육센터 전임강사
	주요 논저: TESOL 석사 학위자의 교수법 활용 사례 연구
	유미희 (Ryu, Mihee)
	고려대학교 한국어문화교육센터 전임강사

발행일	2010. 03. 30 초판 1쇄
	2021. 11. 01 초판 15쇄
지은이	고려대학교 한국어문화교육센터
발행인	안병현
발행처	㈜교보문고
총 괄	류승경
신고번호	제 406-2008-000090호
주 소	경기도 파주시 교하읍 문발리 501-1
전 화	대표전화 1544-1900
	도서주문 02-3156-3681
	팩스주문 0502-987-5725
ISBN	978-89-93995-51-0 13710

- 이 책은 ㈜교보문고가 고려대학교 국제어학원 한국어문화교육센터와의 출판 및 판매 독점계약에 의해 발행한 것이므로 내용, 사진, 그림의 전부나 일부의 무단복제 및 무단전사를 일절 금합니다.
- 잘못 만들어진 책은 구입하신 곳에서 바꾸어 드립니다.